P. Fr. Rechtschmied

Der Wunderglaube – ein Wahn?

Sarastro Verlag

P. Fr. Rechtschmied

Der Wunderglaube – ein Wahn?

1. Auflage 2012 | ISBN: 978-3-86471-115-2

Erscheinungsort: Paderborn, Deutschland

Sarastro GmbH, Paderborn. Alle Rechte beim Verlag.

Reprint des Originals von 1909.

P. Fr. Rechtschmied

Der Wunderglaube – ein Wahn?

Sarastro Verlag

Der Wunderglaube

— ein Wahn?

Von

P. Fr. Rechtschmied, C. Ss. R.

Mit kirchlicher Druckgenehmigung.

———— ■ ————

Regensburg 1909.

Verlagsanstalt vorm. G. J. Manz, Buch- und Kunstdruckerei A.-G.,
München-Regensburg.

Imprimatur servatis servandis.

Vindobonae, die 4. Octobris 1908.

(L. S.)   **P. Raimundus Lang, C. Ss. R.,**
Super. Provincialis.

Imprimatur.

Ratisbonae, die 9. Februarii 19 09.

M. Huber,
Vic. gen.

M. Münz.

Druck der Verlagsanstalt vorm. G. J. Manz, Regensburg.

Vorwort.

Was dir, geehrter Leser! in diesen wenigen Blättern geboten wird, gereicht sicher zur Kräftigung und Belebung deines Glaubens, und ist ein wirksames Mittel, um etwaige Anfälle von Zweifeln mit Leichtigkeit zu überwinden; es dient zugleich als spitziges und zweischneidiges Schwert im Kampfe gegen alle Feinde der heiligen Religion.

Begnüge dich deshalb nicht, nur selbst diese Blätter zu lesen, sondern suche sie auch in bekannten Kreisen nach Möglichkeit zu verbreiten. Du kannst dadurch so manchem Mitmenschen einen großen Dienst erweisen, und ihn vor dem größten Unglücke bewahren.

Der Verfasser.

Einleitung.

"Die Weltgeschichte ist der Kampf des Glaubens mit dem Unglauben; der Glaube baut, der Unglaube zerstört." Dieses Wort des berühmten Dichters Goethe ist volle Wahrheit und gilt besonders von der Geschichte seit der Entstehung des Christentums. Alle Angriffe des Unglaubens sind gegen dasselbe gerichtet; um keine andere bestehende Religion kümmert er sich; nur gegen das Christentum hört der Kampf nie auf, nur die Formen desselben wechseln. In den ersten Jahrhunderten wurde dieser Krieg mit roher Gewalt, mit Feuer und Schwert gegen den Glauben geführt. Als das Heidentum unterlegen, änderte sich der Kampf in den der Geister um, und in dieser Form hat er in vielfachem Wechsel bis zum heutigen Tage fortgedauert; er wird zweifellos auch in der Zukunft nicht aufhören, weil die Ursachen dieses Gegensatzes nicht aus der Welt geschafft werden können. Dieser Kampf ist in der Gegenwart heftiger als je geworden. Zwar hatte der Atheismus in der zweiten Hälfte des 18. Jahrhunderts in Frankreich alles geleistet, was in seinen Kräften stand, um die Religion vom Erdboden verschwinden zu machen; das »Ecrasez l'infame«

Voltaires hatten mehr oder minder deutlich alle Gegner auf ihre Fahne geschrieben; ein allgemeiner Widerspruch gegen die Religion ist unserer Zeit vorbehalten geblieben. Auf den meisten Universitäten aller Länder feiert der Unglaube seine Triumphe, und ein großer, um nicht zu sagen der größte Teil der sogenannten Gebildeten hat infolgedessen bereits an der Religion Schiffbruch gelitten. Auch unter dem Volke schwindet der religiöse Glaube immer mehr; das Beispiel der erwähnten Gebildeten übt große Anziehungskraft aus, und die ungläubige Presse arbeitet unverdrossen an der Verbreitung des Unglaubens.

Die Folge dieses heftigen und immer weiter sich ausdehnenden Kampfes ist die Scheidung der Geister in zwei Lager. Die noch Christusgläubigen in allen Ländern einigen sich unter einem Banner, wie auch die Gegner sich zu einem großen Heerlager sammeln und alle bisherigen Verschiedenheiten fahren lassen. Nicht mehr lange, und es wird heißen: Hie Katholizismus — hie Atheismus.

Dieser Krieg wird in der Gegenwart von seiten des Unglaubens hauptsächlich unter dem Namen: „Wissenschaft" geführt. Wir sagen: unter dem Namen „Wissenschaft"; denn nicht alles, dem dieser schöne Name beigelegt wird, verdient ihn auch. Die wirkliche und gründliche Wissenschaft ist keine Gegnerin des Glaubens, ist vielmehr eine Verbündete desselben, eine unerschrockene Verteidigerin. Sie hat bis jetzt noch kein Steinchen aus dem Lehrgebäude der katholischen Kirche gebrochen, und wenn auch die Gegner ohne Unterlaß behaupten, die „Wissenschaft" (welche?) habe die Religion „abgetan", so bleiben sie doch, ernstlich zum Be-

weise aufgefordert, denselben schuldig. Der Freidenker=
kongreß in Prag im Jahre 1907 hatte (wohl nur zum
Hohne und in der Erwartung der Nichtannahme) den
Benediktinerpater Alban Schachleitner zum Diskussions=
abend eingeladen. Der Geladene kam aber und legte
den wissenschaftlich gebildeten Herren Freidenkern die
Frage vor: „Wo ist das wissenschaftliche Resultat, wo
ist das historische Faktum, das auch nur eine einzige
katholische Glaubenslehre als unhaltbar dartäte?" Welche
Antwort wurde ihm zuteil? Nur seichtes Geschwätz,
Roheiten, Unflätigkeiten, Beschimpfungen, greuliche Got=
teslästerungen!

Die katholische Kirche fürchtet also die wahre Wissen=
schaft nicht; sie pflegt hingegen dieselbe nach Kräften
auf verschiedene Weise. Wir ersehen auch aus der Ge=
schichte, daß zu allen Zeiten die größten Gelehrten,
deren Namen in der wissenschaftlichen Welt unsterblich
sein werden, tiefgläubige Christen waren. Jeder gläubige
Katholik kann in den Ruf einstimmen: „Hoch die Wissen=
schaft — hoch die jedoch nicht durch Vorurteile und
Leidenschaft getäuschte und geleitete Forschung." Diese
hat schon unzählige Geister aus dem Lager des Un=
glaubens unter das Banner des Glaubens geführt.

Im Kampfe der Gegenwart zwischen Glauben und
Unglauben ist vorzüglich das Wunder jener Zankapfel,
um den es sich handelt. Dieser Gegenstand ist von
höchster Bedeutung für beide Teile; er entscheidet. Gäbe
es keine Wunder, wären Wunder unmöglich, wie der
Unglaube behauptet, so hätte dieser das Richtige, das
Christentum ließe sich nicht mehr halten, weil alsdann der
Hauptbeweis für dasselbe: die Auferstehung Christi,
also ein Wunder, nur ein Irrtum sein könnte. Sind

1*

aber Wunder möglich, und gibt es wirklich Wunder, so fällt der Unglaube in sich zusammen; er muß bekennen, sich geirrt zu haben. Darum kann es nicht auffallen, daß der Unglaube alles denkbar mögliche gegen diesen Feind in das Feld führt, um sich wenigstens zum Schein zu behaupten.

Eine zwar kurze, jedoch gründliche und allgemein verständliche Untersuchung über diesen Gegenstand soll den Inhalt der folgenden Blätter bilden.

Was ist ein Wunder?

Vor allem müssen wir uns über den Begriff: „Wunder" klar zu werden suchen. Unklarheit der Begriffe ist nicht selten allein die Ursache nicht endender Streitigkeiten.

Das Wort: „Wunder" wird in mehrfachem Sinne gebraucht.

Im weitesten Sinne pflegen wir jene Tatsachen oder Erscheinungen Wunder zu nennen, deren Ursachen zwar natürlich, uns aber unbekannt sind. Wir „wundern" uns über dieses und jenes, das ganz unerwartet eintritt. Dabei kommt es oft vor, daß der eine sich über etwas verwundert, während ein anderer nichts Auffallendes darin erblickt, weil er die Ursachen kennt. Solcher Art ist z. B. das fast plötzliche Aufhören oder Verschwinden einer rein nervösen Krankheit, bei welcher keine Beschädigung eines Organes besteht. Wem die Wirkungen scheinbar kleiner Ursachen auf das Nervensystem unbekannt sind, der kann eine solche Heilung, obgleich sie nur die Wirkung einer natürlichen Ursache ist, als wunderbar ansehen.

Wunder im engeren aber noch nicht im eigentlichen Sinne heißen wir die Wirkungen der Geister, insofern dieselben auf die Natur einwirken und Erscheinungen hervorbringen können, welche durch die

Kräfte der Natur, ohne diese Einwirkung, nicht erklärt werden können.

Zu diesen Wundern wird auch alles gerechnet, was zwar Gott zum Urheber hat, aber nur durch besondere Anregung der natürlichen Kräfte bewirkt wird, z. B. auffallende Werke der göttlichen Vorsehung zum Wohle einzelner Menschen; ferner solche Werke, die an sich ganz übernatürlich sind, aber nicht in die Sinne fallen, wie die Rechtfertigung des Sünders, die nie durch natürliche Mittel bewirkt werden kann.

Doch, von allen diesen Wundern ist hier nicht die Rede. Was allein unsere Aufmerksamkeit in Anspruch nimmt, sind:

Die Wunder im eigentlichen Sinne.

Solche Wunder sind im Verlaufe dieser Abhandlung zu verstehen, so oft dieses Wort ohne einen Beisatz gebraucht wird. Nur diese sind wirklich beweisend, ja unwiderleglich. Die Angriffe der Gegner sind daher auch nur gegen diese gerichtet, und darum ist eine genaue Begriffsbestimmung notwendig.

Ein Wunder ist eine außerordentliche, in die Sinne fallende Tatsache, welche außer oder über der gesamten Naturordnung ist und alle Kräfte der Natur, entweder schon an sich oder durch die begleitenden Umstände übersteigt, und daher nur Gott zum unmittelbaren Urheber haben kann.

Selbst der berüchtigte David Strauß definiert das Wunder: „Unter einem Wunder versteht man insgemein ein Geschehen, das, weil aus dem Wirken und Zusam-

menwirken endlicher Ursächlichkeiten unerklärlich, als unmittelbare Einwirkung der obersten unendlichen Ursache
oder Gottes selbst erscheint."

Weil manche Gegner des Wunders diesen Begriff
auf verschiedene Weise verdrehen, um mit einem größeren
Schein von Wahrscheinlichkeit dagegen auftreten zu
können, müssen obige Bestimmungen näher erklärt
werden.

Es ist gesagt worden:

Das Wunder ist eine „außerordentliche" Tatsache. Dieses will nicht sagen: das Wunder sei ein
Werk außerhalb der göttlichen Weltordnung, etwa wie
eine neue Entschließung des göttlichen Willens. Infolge der Allwissenheit Gottes ist dies unmöglich. Das
Wunder ist von Gott ebenso vorausgesehen wie alles
übrige, ist von Ewigkeit her mit in den Plan der göttlichen
Weltregierung aufgenommen. Das „Außerordentlich"
will nur anzeigen, daß das Wunder außer der natürlichen (gewöhnlichen) Weltordnung stehe, also dem allgemeinen Laufe der physischen Gesetze widerspreche, gewisse Gesetze der Natur in einzelnen Fällen vorüber-
gehend aufhebe, so daß eine andere Wirkung eintrete,
als nach dem natürlichen Zusammenhang der Dinge
erfolgen müßte. Der Vorgang dabei ist der Beobachtung unzugänglich, nur das Resultat tritt zutage.

Das Wunder ist ferner eine „in die Sinne fallende" Tatsache, d. h. mit den menschlichen Sinnen
wahrnehmbar. Was, wenn auch durch spezielles Einwirken Gottes, bloß im Innern, im Geiste des Menschen vorgeht, wird nicht zu diesen Wundern gerechnet,
wie schon früher erklärt wurde.

Nebst der Außerordentlichkeit und äußeren Wahr-

nehmbarkeit ist zu einem Wunder „durchaus not=
wendig",

daß die Tatsache außer oder über der ge=
samten Naturordnung sei und alle natürlichen
Kräfte übersteige, insofern diese überhaupt, oder unter
den begleitenden Umständen unvermögend sind, derartige
Wirkungen hervorzubringen, z. B. (in letzterem Falle)
kann zwar die Natur Wunden und gebrochene Knochen
heilen, aber nur in mehr oder weniger langer Zeit,
niemals in einem Augenblicke, — eine plötzliche Heilung
solcher Schäden ist den Naturkräften niemals möglich.

Ein unanfechtbarer Grundsatz erklärt: jede Wirkung
muß eine entsprechende Ursache haben. Liegt nun eine
Tatsache vor, die nicht geleugnet werden kann, zu deren
Hervorbringung natürliche Ursachen durchaus unzu=
reichend sind, so bleibt nur die Annahme übrig, daß
die Allmacht Gottes durch einen speziellen Akt die Ur=
sache der Tatsache sei, mit andern Worten, daß ein
Wunder geschehen sei.

Gegen dieses Eingreifen der göttlichen Allmacht
in den Lauf der Natur erheben sich nun die Wunder=
feinde mit vereinten Kräften; sie erklären dasselbe für
unmöglich. Dieser Punkt ist entscheidend.

Sind Wunder möglich?

Obwohl wir auf die Frage: Wer bekämpft die
Wunder? später eigens antworten werden, müssen wir
doch schon hier erwähnen, daß vor andern die Atheisten
die Möglichkeit der Wunder leugnen. Von ihrem Stand=
punkt aus haben sie auch recht; sie leugnen das Dasein
Gottes; ohne einen persönlichen allmächtigen Gott kann

es kein Wunder geben. Dasselbe ist bei den Pantheisten der Fall, deren Gott nur durch den Menschen zum Selbstbewußtsein gelangt.

Auch die Rationalisten behaupten die Unmöglichkeit der Wunder. Sie glauben zwar an einen persönlichen, allmächtigen, von der Welt wesentlich verschiedenen Gott, der auch die Welt erschaffen, und der Natur die Kräfte gegeben und die Gesetze bestimmt hat, mit und nach welchen sich alles entwickelt. Aber, so meinen sie, nachdem der Gott-Schöpfer die so ausgerüstete Welt wie ein perpetuum mobile in den Raum hinausgehängt hat, kümmert er sich nicht weiter um sie und um alles, was auf ihr vorgeht. Das Wunder beweist aber das Gegenteil dieser Lehre; darum der Kampf gegen dasselbe.

Unsere Aufgabe ist nun, die Nichtigkeit der Einwendungen zu zeigen, und dann durch unleugbare Tatsachen zu beweisen, daß Wunder nicht bloß möglich, sondern auch wirklich geschehen sind.

Warum, so fragen wir einen ruhig denkenden Gebildeten, warum sollen Wunder nicht möglich sein?

Um unmöglich zu sein, müßten die Wunder physisch oder moralisch unmöglich sein.

A. Sind die Wunder physisch unmöglich?

Die Behauptung der physischen Unmöglichkeit erweist sich schon dadurch als irrig, weil sie die Allmacht Gottes, mithin Gott selbst leugnet, oder sich wenigstens auf eine falsche Ansicht über die Naturgesetze stützt.

Die göttliche Allmacht kann in physischer Beziehung nur dort eine Grenze finden, wo sich ihr etwas in sich selbst Widerspruchvolles entgegenstellen würde, z. B. Ge-

schehenes ungeschehen machen (nicht etwa bloß die Folgen
oder Wirkungen eines Ereignisses aufheben), oder höl=
zernes Gold und dergleichen machen, weil sich die Be=
griffe gegenseitig ausschließen und aufheben. Alles andere
ist Gegenstand der Allmacht Gottes; mithin sind und
bleiben auch die Naturkräfte und ihre Gesetze der
göttlichen Allmacht unterworfen.

Was sind die Naturgesetze?

Sie sind jene Anordnungen, die Gott bei der
Schöpfung für alle Zeiten getroffen hat, und an die
im natürlichen Gange alles gebunden bleibt, was er
beim damaligen Schöpfungsakte in das Dasein gerufen
hat. Offenbar binden aber diese Anordnungen den
Schöpfer nicht; sie können ihn nicht hindern, auch später
mit seiner Allmacht unmittelbar in diesen natürlichen
Gang der geschaffenen Kräfte einzugreifen, wenn ihm
dies aus einem seiner göttlichen Weisheit entsprechen=
den Grunde beliebt. Wer wollte behaupten, daß Gott
dem von ihm selbst aus freiem Willen Geschaffenen
machtlos gegenüberstehe, — daß seine Allmacht durch
die erstmalige Erschaffung des Bestehenden erschöpft und
ohnmächtig geworden sei??? Könnte er nicht mit einem
einzigen Akte seines Willens die ganze Schöpfung, so=
wie er sie aus dem Nichts hervorgebracht, so auch wie=
der vernichten, um so mehr die Naturgesetze wieder auf=
heben oder abändern? Und trotzdem will man ihm
nicht einmal zugestehen, aus höchst weisen Absichten
Wirkungen hervorbringen zu können, die offenbar über
die natürlichen Kräfte hinausgehen, oder auch Wirkun=
gen natürlicher Kräfte aufzuheben! Von einem Unter=
brechen der „ewigen Naturgesetze" ist ohnehin nicht die
Rede.

Der Freigeist Jean Jaques Rousseau ist sicher eine unverdächtige Persönlichkeit im Lager der Wunderfeinde. Dieser schreibt in seinem dritten Briefe „Vom Berg“: „Kann Gott Wunder wirken? Das heißt, kann er von den Gesetzen, die er selbst bestimmt und gegeben hat, abweichen?“ Diese Frage, im Ernste gestellt, würde gottlos sein, wenn sie nicht absurd, dumm wäre, und dem, der sie verneint, würde man zu viel Ehre antun, wenn man ihn dafür bestrafen wollte; er müßte geradezu ins Irrenhaus gesperrt werden.“ Trotz dieses Komplimentes aus dem eigenen Lager wird die Leugnung der Möglichkeit der Wunder als Beweis für „wissenschaftliche“ Bildung angesehen.

Manche Rationalisten und Freigeister, wie Jules Simon (einer der am meisten genannten Rationalisten unserer Zeit), Littré, die englischen Freigeister, unter andern Stuart Mill wollen schon aus dem Grunde kein Wunder gelten lassen, weil sonst „die Wissenschaft unmöglich wäre“. „Die Wissenschaft“ (wohl nur die Naturwissenschaft) „beruht auf der Beständigkeit der Naturgesetze,“ sagen sie, „hört diese auf, so ist es auch mit der Wissenschaft aus.“ „Wenn eine der Welt fremde Macht auf dieselbe einwirken könnte, was müßte aus der Welt werden? Die Wissenschaft stützt sich auf die unwandelbare Ordnung in der Natur; ist diese gebrochen, so muß die Wissenschaft zugrunde gehen.“

Was ist die Wissenschaft, speziell die Naturwissenschaft? denn nur diese kommt hier in Betracht. Sie ist die Kenntnis der natürlichen Kräfte der Welt und der Gesetze, nach welchen die einzelnen Kräfte wirken, unter welchen Bedingungen, unter welchen Umständen und auf welche Weise sie wirken. Diese Kräfte, Gesetze und Wirkungsweisen immer

beſſer kennen zu lernen, iſt der Gegenſtand der Natur=
forſchung. Mit allem dieſem hat aber das Wunder
keine Verbindung; es ſteht außer oder über dem natür=
lichen Laufe der Naturkräfte; von einer Aufhebung oder
Änderung derſelben iſt keine Spur zu finden. Wenn
in einem Lande auf gewiſſe Verbrechen die Todesſtrafe
geſetzt iſt, der Fürſt des Landes aber in einem einzelnen
Falle, wo beſondere Gründe oder Umſtände obwalten,
welche die Strafe als zu ſtreng erſcheinen laſſen, ſein
Recht der Begnadigung ausübt, — iſt dadurch das
Geſetz ſelbſt aufgehoben? Wenn in einzelnen Fällen
die Naturkräfte, die ihrer Wirkungsweiſe nach einen
Menſchen dem Tode überliefert haben würden, durch
göttliches Eingreifen, d. h. durch ein Wunder daran
verhindert worden ſind, — haben ſie dann in allen
andern Fällen, wo jene Verhinderung nicht ſtattfindet,
ihre Macht verloren? Wenn einzelne bereits dem Tode
nahe Kranke durch göttliche Hilfe geſund geworden ſind,
wird deshalb niemand mehr ſterben? Uſw.

Die Naturwiſſenſchaft hat mithin mit dem Wunder
gar nichts zu tun; ſie liefert jedoch das notwendige
Mittel zur Entſcheidung, ob vorliegende Tatſachen als
natürliche Wirkungen oder als Wunder zu betrach=
ten ſeien.

B. Sind Wunder moraliſch unmöglich?

Müſſen die Wunderfeinde zugeben, daß ſich die
phyſiſche Unmöglichkeit der Wunder nicht aufrecht er=
halten laſſe, ohne gegen die Vernunft zu verſtoßen
oder Gott zu leugnen, ſo treten ſie als Eiferer für die
Ehre Gottes auf. „Gott kann nichts gegen ſich ſelbſt
tun," erklären ſie; „es widerſtreitet ſeiner Allwiſſenheit

und Unveränderlichkeit, das Geschaffene immer wieder
nachbessern zu müssen, nach Willkür und Laune bald
da bald dort in der von ihm gesetzten Ordnung eine
Änderung zu treffen. Gott kann nicht nachträglich
seinen Willen ändern, und das einmal mit göttlicher
Weisheit Festgesetzte umstoßen. Das Wunder wäre im
Widerspruch mit der Weisheit Gottes."

Der Einwurf beruht auf einem Mißverständnis.
Wie schon früher gesagt worden, hat Gott in seiner
Allwissenheit sowohl die Naturordnung als auch die
Wunder mit ewigem und unveränderlichem Willen ge=
wollt. Die Absicht, neben der Naturordnung durch
außerordentliches Eingreifen sich zu gewissen Zwecken
zu offenbaren, d. h. Wunder zu wirken, ist ebenso alt,
d. h. ewig, wie der Plan, die jetzt bestehende Natur=
ordnung zu schaffen. Von Veränderlichkeit des gött=
lichen Willens, von einer Nachbesserung der Schöp=
fung usw. kann also keine Rede sein.

„Aber Gott kann nicht gegen das Sittengesetz han=
deln," sagen manche Gegner; „die Naturgesetze sind
aber nicht minder unverletzlich als das Sittengesetz."

Beide Arten von Gesetzen sind himmelweit von=
einander verschieden. Das Sittengesetz ist ein Aus=
fluß der Gottheit, hat somit seinen Grund im ewigen
Gesetze, das Gott selbst ist. Gegen sich selbst kann
Gott nicht handeln. Das Naturgesetz hingegen be=
steht in der freien Anordnung des freien Wil=
lens Gottes, der es, wie schon früher gesagt, auch
ganz anders hätte einrichten können, und selbst jetzt
jeden Augenblick ändern könnte, wenn er nur wollte.

Wir übergehen verschiedene andere wenn möglich
noch weniger beweisende Einwendungen gegen die Mög=

lichkeit der Wunder; sie würden den geehrten Leser nur
langweilen. Überdies werden wir bald Tatsachen, —
unleugbare Tatsachen anführen, die alle Einwürfe klar
der Nichtigkeit überführen; denn wo Tatsachen sprechen,
ist die entgegensprechende Theorie falsch, mögen noch
so viele Scheingründe dafür vorgebracht werden.

Sind Wunder auch erkennbar?

„Wenn schon Wunder möglich wären, so würden
sie doch nicht mit Gewißheit erkennbar sein,". sagen
ferner die Gegner.

Um die Nichtigkeit dieser Entgegnung zu erkennen,
müssen wir Tatsache und Wundercharakter derselben
unterscheiden.

Die wunderbaren Tatsachen selbst haben äußerlich
nichts an sich, was sie von andern ganz natürlichen
Tatsachen unterscheidet; sie stellen sich mitten unter die
andern, die täglich vor unsern Augen geschehen. Man
kann sie daher ebenso leicht und sicher feststellen, wie
andere Tatsachen. Wer bei voller Vernunft ist, Augen,
Ohren und Hände hat, der besitzt alles, was er braucht,
um mit voller Gewißheit sagen zu können: dies ist jetzt
geschehen; dies ist jetzt so. Z. B.: eine Wange, eine
Brust ist vom Krebs ganz zerfressen, tiefgehende Zer=
störung der Organe hat stattgefunden; ein paar Stun=
den später ist die Wange, die Brust geheilt, die zer=
störten Organe sind wieder hergestellt, als wenn sie
nie gefehlt hätten. Ein Bein ist von Karies befallen;
jahrelanges Bemühen der Ärzte, das Übel zu heilen,
ist vergeblich, die Eiterabsonderung ist groß; plötzlich
ist die Wunde vernarbt, vom früheren Leiden nichts

als die Narbe übrig. Um solche Tatsachen festzustellen, ist gewiß keine große Gelehrsamkeit notwendig.

Die Hauptfrage ist nach der Ursache, welche solche Wirkungen hervorbringen kann. Vernunft und Wissenschaft fordern für jede Wirkung eine entsprechende Ursache, und eine Wirkung ohne Ursache annehmen, wäre barer Unsinn. Kann keine natürliche Ursache eine solche Wirkung hervorbringen, — eine Ursache muß vorhanden sein, — so kann nur eine übernatürliche, die Allmacht Gottes, angenommen werden, also ein Wunder.

„Wir kennen nicht alle Kräfte der Natur," wird entgegnet, „daher können wir nie volle Sicherheit haben, ob den merkwürdigen Ereignissen nicht doch natürliche Ursachen zugrunde liegen."

Es ist wahr: wir kennen nicht alle Kräfte der Natur; darum können wir in so manchen Fällen nicht mit Sicherheit entscheiden, ob wir ein Wunder vor uns haben, oder nur ein natürliches Ereignis, d. h. es gibt zweifelhafte Wunder, die daher auch keine Beweiskraft haben. Es gibt aber auch zahllose Tatsachen, die in keinem Falle Wirkungen natürlicher Ursachen sein können, und daher nur die Allmacht Gottes zur Ursache haben können. Es ist durchaus falsch, daß zur Feststellung eines Wunders die Kenntnis aller Naturkräfte erfordert sei; es handelt sich ja stets nur um eine einzelne ganz bestimmte Tatsache, zu deren richtiger Beurteilung nur die Kenntnis jener Naturkräfte erfordert wird, in deren Bereich die Tatsache gehört.

Wie sollten überdies Naturkräfte wirken, wenn nicht die geringste Anregung geschieht, um sie in Tätigkeit zu versetzen? Z. B. eine Krankheit ist jahrelang

von den angesehensten Ärzten mit allen erdenklichen
Mitteln vergeblich behandelt worden, die Ärzte haben
ihre Tätigkeit eingestellt; man erwartet bereits die letzte
Stunde; der Kranke nimmt inniger als je seine Zu=
flucht zum Himmel, — und plötzlich weicht die Todes=
gefahr, ja der bisher Sterbende fühlt sich wohl, —
er fühlt sich gesund, — steht auf, — die Ärzte finden
ihn vollkommen geheilt; diese Änderung geht in wenigen
Minuten vor sich. Können je alle Naturkräfte der
Welt derartiges bewirken?

„Sind wir auch nicht imstande," erwidert der Un=
glaube nicht selten, „eine tatsächlich vorhandene Wirkung aus natürlichen Ursachen zu erklären, so müssen
wir doch unter allen Umständen daran festhalten, daß
sie nur einer natürlichen Ursache entspringe. Ist auch
die jetzige Wissenschaft nicht fähig, so „kann" doch die
fortgeschrittene Wissenschaft in die Lage kommen, diese
Tatsachen als natürliche Wirkungen natürlicher Ursachen
erklären zu können. Folglich kann man nie mit voller
Gewißheit behaupten, daß die Ursache nicht eine natür=
liche sein könne."

Warum — wozu eine solche „Beweisführung", (?)
die sich selbst richtet, zumal die zwar nicht ausgespro=
chene aber durch Taten offenkundige Folgerung damit
verbunden wird: „also können wir mit **Sicherheit**
darauf rechnen: es gibt keinen persönlichen Gott."

Theorie und Tatsachen.

Eine bekannte strenge Forderung der Vernunft ver=
langt, jene Theorien als falsch und irrig zu erklären,
mit welchen die Tatsachen im Widerspruche stehen. In

allen jenen Wissenschaften, die mit der Religion in
keiner Verbindung stehen, entspricht auch der Unglaube
dieser Forderung, ja, würde ein entgegengesetztes Handeln als Torheit erklären. In Bezug auf religiöse
Wissenschaft hingegen?

Um leichter über unliebsame Ereignisse hinwegzu-
kommen, macht er es genau wie die Kollegen Gallileis.
Dieser Gelehrte hatte durch sein verbessertes Fernrohr
entdeckt, daß der Planet Jupiter vier Monde habe.
Seine Kollegen in der Sternkunde erklärten aber, sicher
zu wissen: Jupiter habe keine Monde; sie weigerten sich
sogar, in sein Fernrohr zu sehen, weil nun einmal
gewiß sei, daß der Planet keine Monde habe. So
verfährt der Unglaube mit dem unbequemen Wunder.
Er geht der genauen Untersuchung der wunderbaren
Tatsachen sorgfältig aus dem Wege, um seine Theorie
von der Unmöglichkeit und Unerkennbarkeit der Wunder leichter aufrecht zu erhalten, und nicht durch den
Augenschein zur Anerkennung genötigt zu werden.

Um das über Möglichkeit und Erkennbarkeit der
Wunder Gesagte durch Tatsachen zu bestätigen, wollen
wir einige ausführlich mitteilen, und zwar aus neuester
Zeit, um dadurch den gewohnten Einwendungen des
Unglaubens von Unverläßlichkeit der Nachrichten, von
Mangel an Beobachtungsgabe, Unverläßlichkeit der Zeu-
gen usw. einen Riegel vorzuschieben. Wir wählen dazu
nur Heilungen, die in Lourdes selbst, oder durch das
Wasser aus der Grotte daselbst gewirkt worden sind.
Wir werden uns dabei nicht auf „Laien in der medi-
zinischen Wissenschaft", sondern nur auf hervorragende
Vertreter dieser Wissenschaft verlassen, welchen niemand
weder Kenntnisse noch Beobachtungsgabe und redlichen

Willen, die Wahrheit zu sagen, absprechen kann. Zugleich bemerken wir für jene, welche vielleicht noch nichts davon wissen sollten, daß bei mehreren, die wir genau bezeichnen werden, für die „bewiesene Anfechtbarkeit des Wundercharakters" ein Preis von 15 000 Franks in Gold ausgesetzt ist, den jeder gewinnen kann, er mag nun Doktor der Medizin oder „Laie" sein.

Weil es bei den ungläubigen Ärzten Gewohnheit ist, aus den vielen Heilungen nur solche zur Kritik auszuwählen, bei welchen nervöse Zustände wenigstens zum Schein als vorausgehend behauptet werden können, um sie dann leichter als Wirkungen von Suggestion, Halluzination usw. erklären, und alsdann alle Heilungen als Scheinwunder verwerfen zu können, sollen hier nur solche angeführt werden, bei welchen obige Ausflucht lächerlich wäre.

Zugleich verweisen wir auf die beiden Werke von Dr. med. Boifferie: „Lourdes und seine Geschichte vom medizinischen Standpunkte aus," sowie „Die großen Heilungen von Lourdes"; ferner auf: „Unsere Liebe Frau von Lourdes" von Heinrich Lafferre.

Peter de Rudder.

Dieser wurde am 2. Juli 1822 zu Jabbeke in Westflandern geboren und war 44 Jahre alt, als er das Opfer eines harten Unfalles wurde. Am 16. Februar arbeiteten zwei junge Holzhauer in der Nähe des Schlosses des Herrn du Bus. Ein von ihnen gefällter Baum war unglücklicherweise auf eine Pflanzung gefallen, und sie gaben sich alle Mühe, ihn wegzuwälzen. De Rudder ging vorbei, sah die Verlegenheit der Holz-

hauer und erbot sich, ihnen zu helfen. Er sollte seine
Gefälligkeit teuer bezahlen.

Während er die Äste eines hindernd im Wege
stehenden Gesträuches abhieb, fiel der Baum, den die
zwei jungen Arbeiter mittels Hebel emporgehoben und
voranschieben wollten, plötzlich zurück, und versetzte de
Rudder einen so heftigen Schlag, daß er zu Boden fiel,
und die Last des Stammes zerschmetterte ihm das
linke Bein.

Dr. Affenaer von Oudenbourg wurde im Auftrage
des Herrn du Bus sogleich gerufen und nahm de Rud-
der in Behandlung. Am obern Drittel des Unter-
schenkels hatte der Verwundete beide Beinknochen, das
Schienbein und Wadenbein entzwei. Der Arzt nahm
die Wiedereinrenkung vor und befestigte die beiden
Bruchteile durch einen Stärkekleisterverband. Einige
Wochen nachher mußte der Arzt auf Verlangen des
Kranken, der sehr viele Schmerzen hatte, den Verband
abnehmen, und nun stellte er auf dem Rücken des
Fußes eine breite eiternde Wunde fest. Am obern
Teile des Beines stand eine andere, brandige Wunde
mit dem Mittelpunkt des Bruches in Verbindung; die
Enden der Bruchstücke schwammen im Eiter, waren
ihrer Knochenhaut beraubt und zeigten keine Spur von
Heilung.

Trotz der sorgfältigsten, mehrere Monate hindurch
fortgesetzten Behandlung konnte Dr. Affenaer kein Zusammenwachsen der Knochenteile bewirken. Niemand wird
sich darüber verwundern; denn jeder durch eine Wunde
komplizierte Knochenbruch ist schwer zu heilen, und die
Prognose war besonders ungünstig zu einer Zeit, wo
die antiseptische Behandlung sich noch nicht allgemein

2*

Eingang verschafft hatte und daher auch in diesem Falle
keine Anwendung fand.

Dr. Affenaer vermochte dem Eiterungsprozeß der
Wunde keinen Einhalt zu tun. Er gab alle Hoffnung
auf Heilung des Kranken auf. Ein Arzt von Varssenaere
und ein anderer von Brügge wurden ebenfalls zu Rate
gezogen und stimmten mit ihm überein, daß de Rud=
ders Bein unheilbar sei.

Derselben Ansicht war ein von Herrn du Bus
hinzugezogener Arzt von Brüssel. Auch dieser meinte,
nachdem er den Verwundeten untersucht hatte, jede Be=
handlung sei unnütz, und das Bein müsse abgenommen
werden. De Rudder wollte um keinen Preis sich dieser
äußersten Maßregel unterziehen, brachte ein Jahr auf
dem Bette zu und litt entsetzliche Schmerzen. Als er
aufstand, konnte er nur mühsam sich auf zwei Krücken
fortschleppen, war arbeitsunfähig und lebte mit seiner
Familie von einer Pension, die ihm Herr du Bus gab.

Da die Ärzte den Kranken aufgegeben hatten, konnte
der unglückliche Krüppel nichts anderes machen, als
seine Wunden zweimal täglich reinigen und das ge=
brochene Glied mit Leinwand verbinden. Eine derartige
Behandlung eines komplizierten Knochenbruches blieb
selbstverständlich ohne die geringste Heilwirkung. Auch
die Zeugenaussagen bestätigen einstimmig deren Wir=
kungslosigkeit. Alle, welche von 1867 bis 1875 de
Rudders Bein gesehen haben, beschreiben in frappanter
Weise die anormale Beweglichkeit desselben, welche ein
charakteristisches Zeichen von schlotternder Pseudarthrose
(falscher Gelenksverbindung) war. Die beiden Bruch=
enden waren nämlich vollständig frei, ohne daß sie im
geringsten durch Bindegewebe zusammengehalten wurden.

Ein merklicher Zwischenraum war sogar zwischen den
beiden Knochenenden, da Dr. Affenaer ein ziemlich um-
fangreiches Knochenstück herausgenommen hatte.

Von den Personen, welche bei de Rudder das
Vorhandensein einer falschen Artikulation konstatierten,
wollen wir zunächst Jakob Van Esschen und Jakob de
Fraeye anführen, welche gegenwärtig noch zu Jabbeke
wohnen. Ersterer war damals Gärtner im Dienste des
Herrn du Bus und überbrachte wöchentlich de Rudder
den Betrag seiner Pension. Öfter sah er das verletzte
Glied ohne Verband; Peter bog sein Bein unterhalb
des Knies zurück, so daß die Enden der gebrochenen
Knochen hervortraten. Wenn er den linken Fuß in
die Hand nahm, konnte er denselben mit Leichtigkeit so
umdrehen, daß die Ferse nach vorn, die Zehen nach
hinten standen. Gegen das Jahr 1872 machte Jakob
de Fraeye dieselbe Beobachtung.

Doch halten wir uns vor allem an die Aussagen
der Ärzte. Dr. Van Hoestenberghe von Stalhille,
Armenarzt der Gemeinde Jabbeke, hatte oft Gelegen-
heit, de Rudder zu sehen. Jahre waren verflossen,
ohne daß die geringste Besserung in seinem Zustande
eingetreten war. Im Frühling 1874 saß Peter auf
der Schwelle seines Häuschens, als er den Arzt von
Stalhille vorübergehen sah und ihn bat, sein Bein
untersuchen zu wollen. Der Doktor forderte ihn auf,
mit ihm hineinzugehen und blieb eine Stunde bei dem
Verwundeten. Während Peter die Leinwandbinden ab-
nahm, erfüllte ein so starker Gangränegeruch das kleine
Zimmer, daß der Arzt genötigt war, das einzige Fenster desselben zu öffnen. Die Blässe und Magerkeit des

Kranken waren äußerst groß, und seine Züge drückten die größte Mattigkeit und Entmutigung aus.

Nachdem das Bein bloßgelegt war, konstatierte der Arzt am obern Drittel des Schienbeines eine längliche, vertikale Wunde von der Größe eines Hühnereies, aus welcher eine eiterige, bräunliche und sehr übelriechende Flüssigkeit hervorkam. Mit einem feuchten Tuche reinigte Peter oberflächlich die Wunde, legte dann die linke Hand in die Kniekehle, faßte den untern Teil des Beines mit der rechten und bog dasselbe nach rückwärts. Die obern und untern Bruchenden des Waden- und Schienbeines zeigten sich in der Wunde. Alles, was man vom Knochen wahrnehmen konnte, war von der Knochenhaut entblößt, und die Oberflächen der Bruchstellen hatten mehrere Unebenheiten. Als nun auch der Arzt mit der linken Hand den obern Teil des Beines, mit der rechten die Ferse ergriff, konnte er mit der größten Leichtigkeit die Ferse nach vorne drehen, und zwar über einen Halbkreis hinaus; diese Drehbewegung hatte keine andere Grenze als jene, welche durch den Zugwiderstand der weichen, umhüllenden Gewebe gebildet wurde. De Rudder selbst faßte das Knie mit beiden Händen, schüttelte den Fuß hin und her wie ein Pendel, und auf jede dieser Bewegungen erfolgte ein neuer Eitererguß. Endlich sah man auf dem Fußrücken, in der Gegend der beiden ersten Mittelfußknochen und des untern Teiles der Fußwurzel, eine andere Wunde, aus welcher dieselbe eiternde Flüssigkeit hervorsickerte. Peter sagte dem Doktor, einige Wochen nach dem Unfalle habe sich ein Abszeß am Fuße gezeigt, und mit dem Eiter sei ein Stück „Bindfaden“ (wahrscheinlich die Sehne der großen Zehe) herausgekommen.

Was soll man von diesem Unglücklichen sagen? Herr du Bus hatte ihn bereits von mehreren Ärzten untersuchen lassen; alle erklärten ihn für unheilbar, und rieten die Amputation als einziges Rettungsmittel an. Der Arzt von Stalhille tat dasselbe, aber de Rudder wollte nichts von einer Amputation wissen und sagte: „übrigens, der Herr Vicomte hat mir versprochen, Dr. Verriest von Brügge käme dieser Tage; derselbe wird versuchen, mich zu heilen."

Dr. Verriest kam wirklich, legte das Bein unbeweglich in einen Stärkekleisterverband fest, ließ eine Öffnung zum Abfluß des Eiters an der Stelle der Bruchwunde und verordnete häufige Waschungen beider Wunden mit einem Absud von Eichenrinde. De Rudder war wieder gezwungen, das Bett zu hüten.

Um jene Zeit kamen die Ärzte Van Hoestenberghe und Verriest oft miteinander zusammen; mehrmals erklärte Dr. Verriest seinem Kollegen, daß er gar keine Besserung erziele und teilte ihm eines Tages mit, Peter habe sich tags zuvor unwiderruflich geweigert, zur Amputation seines Beines in das Spital von Brügge zu gehen, deshalb habe er auf die Behandlung seines Patienten verzichtet, weil er sie für absolut unnütz halte. Es war dies Mitte Januar 1875.

Derselben Ansicht war auch Dr. Van Hoestenberghe, der aus Mitleid für den armen Unglücklichen die Gepflogenheit hatte, sich gelegentlich nach dem Zustande desselben zu erkundigen. Vierzehn Tage vor dem letzten Besuche des Dr. Verriest traf er de Rudder, als dieser gerade seinen Verband erneuerte. Da die unbewegliche Bandage kein Resultat ergeben hatte, war sie entfernt worden, und der Arzt konnte mit derselben Leichtigkeit wie früher die Ferse des linken Fußes nach vorn drehen. Darauf bog er das gebrochene Bein an seinem obern Drittteil und ließ aus der an dieser Stelle befindlichen Wunde die Knochenenden hervortreten. Dieselben boten immer noch das Aussehen von nekrotischen Knochen. Somit war nichts an der ganzen Sachlage geändert, und jede Aussicht auf Heilung schien endgültig verloren.

Der arme Arbeiter mußte, nachdem er entsetzliche Qualen ausgestanden hatte, wieder ein ganzes Jahr lang das Bett hüten. Schließlich konnte er sich nur mehr auf zwei Krücken fortschleppen und verblieb im ganzen acht Jahre und zwei Monate in diesem Zustande.

Von Kindheit an war Peter fromm und hatte ein grenzenloses Vertrauen zur allerseligsten Jungfrau Maria. Als er von den Wundern erzählen hörte, die zu Lourdes-Oostacker stattfanden, fühlte er sein Vertrauen noch zunehmen und rief aus: „Könnte ich doch diese Wallfahrt mitmachen! Ich bin überzeugt, ich würde von der lieben Gottesmutter meine Heilung erlangen."

Aber wie diese Reise machen? Der untere Teil des Beines hielt nur lose an dem obern, der Fuß drehte sich nach allen Richtungen, die beiden Stücke des Knochens waren 3 cm voneinander entfernt, kamen durch das Fleisch hervor, und die große Wunde eiterte beständig.

Peter setzte sein ganzes Vertrauen auf die Mutter Gottes von Lourdes und bereitete sich durch inbrünstige Gebete auf die schwierige Pilgerfahrt vor. Am 7. April 1875 schleppte er sich, von seiner Frau unterstützt, auf seinen Krücken nach der eine halbe Stunde von seiner

Wohnung entfernten Station Jabbeke. Drei lange
Stunden brauchte er, um den Weg zurückzulegen. Dort
hoben ihn drei Männer in den Eisenbahnwagen, der
ihn nach Gent führte. Hier brachte man ihn mit großer
Mühe zunächst auf die Trambahn, dann auf den Post=
wagen von St. Amand, der ihn auf der Straße von
Lourdes=Oostacker absetzte.

Nun befand sich der arme Krüppel auf der mit
Bäumen besetzten Allee, auf welcher die Pilger scharen=
weise mit dem Rosenkranze in der Hand hinzogen. Von
Müdigkeit und Schmerzen erschöpft, schleppte er sich
auf seinen Krücken fort, und mit Hilfe seiner Frau ge=
langte er zur ersehnten Grotte. Endlich dort ange=
kommen, läßt er sich auf eine Bank niederfallen. Der
Durst quält ihn, er verlangt Wasser von der Quelle.
Er trinkt davon und fühlt sich ein wenig wohler. Die
andern Pilger gehen dem Herkommen gemäß dreimal
um den kleinen Hügel herum. Peter will sich ihnen
anschließen. Er nimmt seine Krücken und schleppt sich
mühsam den dritten Teil dieses Weges voran. So ge=
langt er auf eine zweite Bank, gerade vor die wunder=
tätige Statue der unbefleckten Jungfrau.

Da steigen aus seinem tiefbewegten Herzen heiße
Gebete empor. Er bittet Gott um Verzeihung für alle
Sünden seines ganzen Lebens, wirft dann einen Blick
voll Vertrauen und Liebe zum Bilde der allerseligsten
Jungfrau empor und bittet sie inständig, ihm die Ge=
sundheit wiederzugeben, damit es ihm möglich sei, durch
seiner Hände Arbeit seine Familie zu ernähren.

Während er so aus ganzer Seele betet, fühlt er,
wie sein innerstes Wesen von einer eigentümlichen Un=
ruhe erfaßt wird. Fast außer sich, steht er auf, geht

ohne Krücken zwischen den Bänken hindurch und wirft sich vor dem Bilde seiner himmlischen Mutter auf die Knie. Nach einigen Minuten tiefer Bewegung und innigen Gebetes kommt er wieder zu sich und merkt zu seinem Erstaunen, daß er kniet und seine Krücken nicht hat. „Mein Gott!“ ruft er aus, „wo bin ich doch?“ — Dann richtet er dankbar und liebevoll seinen Blick zur allerseligsten Jungfrau und betet: „O Maria, hier knie ich vor deinem Bilde . . . Ich danke, ich danke dir.“ Und wie er seine Krücken bemerkt, steht er auf und eilt hin, um sie an den Felsen der Grotte zu stellen.

Seine Frau war fast ohnmächtig, und alle Um= stehenden brachen in Tränen aus. Peter selbst sah und hörte nichts mehr, er war ganz in Gebet und Dank= barkeit versunken und machte dreimal die Runde um die Grotte. Schließlich führte man ihn von dort weg in das Schloß von Courtebourne, wo man die voll= ständige Heilung des Beines feststellte. Die beiden ge= trennten Teile waren wieder aneinandergefügt, die Wun= den waren augenblicklich verschwunden; kaum deutete noch ein bläulicher Fleck die Bruchstelle an.

Bei seiner Rückkehr nach Jabbeke ging Peter zu= erst in die Kirche, um Gott, dem Urheber alles Guten, zu danken. Dann begab er sich in seine arme Hütte, wohin bereits die Nachricht seiner Heilung vorausgeeilt war. Vor Rührung fiel ihm seine Tochter Sylvia um den Hals und weinte. Das fromme Kind hatte morgens in aller Frühe Kerzen vor dem Bilde Marias angezündet. Sein Söhnchen August erkannte den Vater, den er nie ohne Krücken gesehen, nicht wieder.

Dr. Affenaer untersuchte das Bein des Geheilten,

und während dicke Tränen seinen Augen entquollen, rief er aus: „Sie sind gründlich geheilt; ihr Bein ist gesund wie dasjenige eines Kindes, das eben zur Welt kommt. Alle menschlichen Mittel waren hier ohnmächtig; aber was die Ärzte nicht fertig bringen, das kann Maria."

Der brave Mann wurde nicht müde, an die liebe Grotte von Oostacker zurückzukehren, wo er ganze Stunden zubrachte, um der allerseligsten Jungfrau zu danken, und es war ihm eine Freude, von der Macht und Güte seiner Wohltäterin zu reden.

Am 9. Mai 1879 kam Peter de Rudder mit einem Pilgerzuge nach Lourdes. Er ist ein Flamänder von der alten guten Art, und sein Dolmetscher hat dem Dr. Boissarie von den glücklichen Wirkungen erzählt, welche dieses Wunder in Jabbeke, der Heimat des Peter de Rudder, hervorgebracht hat. Zur Danksagung hielt man daselbst neun Tage hindurch in der Pfarrkirche feierliche Messen ab, und jeden Tag war die Kirche mit Gläubigen angefüllt. Oft zählte man 1500 Anwesende bei einer Einwohnerzahl von 2000 Seelen. An den betreffenden Tagen wurde fast nie gearbeitet, wie an den Sonntagen. Zu Jabbeke herrschten ziemlich bedeutende Mißstände. Dies alles ist nun geändert, und Peters Landsleute sind gute Christen und gute Katholiken geworden.

Die Kunde von der wunderbaren Heilung fand große Verbreitung, und die „Wissenschaft" geriet darüber in Aufregung. Dreißig Ärzte kamen zu Peter de Rudder, und unter der Menge der Besucher zählte man 300 Priester und 4 Bischöfe, von denen 2 aus dem Auslande waren.

Peter machte fast jede Woche eine Wallfahrt nach der Grotte von Oostacker. Wenn jemand eine Gnade haben wollte, so empfahl er sich in das Gebet des armen Arbeiters und bat ihn, eine Wallfahrt nach der Grotte zu machen. Mehr als zweihundertmal ist er hingegangen.

Auch die Bösen gerieten in Aufregung. Eines Tages fielen sie über diesen braven Mann her und überhäuften ihn mit Schlägen. Aber die Verfolgung verwirrte ihn nicht, weil er sein Vertrauen auf Gott gesetzt hatte. Immer wieder ging er zu seiner lieben Grotte nach Oostacker, und sehnte sich nach dem Tage, wo es ihm dank der Wohltätigkeit guter Seelen gegönnt war, wieder einmal die Grotte in Lourdes zu besuchen.

Der Arzt des Peter de Rudder hat zweimal an Herrn Dr. Boissarie in Lourdes geschrieben, das erste Mal am 21. August, das zweite Mal am 3. September 1892.

In seinem ersten Briefe sagt er: daß die Zersplitterung des Beines so groß war, daß man beim Schütteln des Gliedes die Knochen aneinanderstoßen hörte, wie wenn man einen Sack mit Nüssen schüttelt; ein Zusammenwachsen sei nie zustande gekommen, und vergebens habe Herr Graf du Bus den Kranken sechs Jahre lang behandeln lassen.

Im zweiten Briefe erklärte derselbe Arzt:

„Als Peter de Rudder seine Wallfahrt antrat, waren es bereits acht Jahre, daß er sein Bein nachschleppte, und mühsam auf zwei Krücken ging. Das untere Dritteil des Beines und der Fuß hingen wie ein Fetzen herab.

Peter kam am selben Abend ohne Krücken und
hüpfend vor Freude zurück. Gleich am andern Tage
machte er mehrere Stunden Weges zu Fuß und war
überglücklich dabei. Selbstverständlich begab ich mich
zu ihm, um ihn zu sehen, und ich gestehe Ihnen, daß
ich nicht an seine Heilung glaubte. Was fand ich
aber? — Ein Bein, dem nichts fehlte und hätte ich
den Unglücklichen nicht früher untersucht gehabt, ich
hätte ganz bestimmt die Überzeugung ausgesprochen,
das Bein sei nie gebrochen gewesen."

Am Schlusse des Briefes heißt es: „Vielleicht trifft
dieser Brief Sie in einer Unterhaltung mit Herrn Zola.
Sollte dies der Fall sein, so wäre ich glücklich, wenn
er diese Zeilen zu Gesicht bekäme und mir erlauben
würde, ihm folgendes zu sagen: Mein Herr, ich war
ein Ungläubiger wie Sie; das Wunder des de Rudder
hat mir meine dem Lichte verschlossenen Augen geöffnet.
Ich studierte die christliche Religion, und fing an zu
beten. Jetzt erkläre ich Ihnen auf Ehrenwort, daß ich
nicht den geringsten Zweifel mehr habe; ich glaube
unbedingt, rückhaltlos, und ich möchte hinzufügen, daß
ich mit dem Glauben auch das Glück und eine innere
Zufriedenheit gefunden habe, die ich früher nie gekannt."

Im Jahre 1892 entschloß sich Dr. Royer, über
voranstehende Heilung nochmals eine genaue Unter=
suchung anzustellen, um den Fälscher Zola zu be=
schämen.

Um seiner Untersuchung den Charakter absoluter
Loyalität und Unparteilichkeit zu geben, gegen die nicht
der geringste Zweifel aufkommen könnte, wollte er sie
gemeinsam mit einem vollständig ungläubigen, aber ge=
lehrten und ehrlichgesinnten Amtsgenossen anstellen.

Man bezeichnete ihm Dr. Mottart von Hannut als einen Mann, der die gewünschten Eigenschaften besitze. Deshalb schrieb er diesem Herrn, und lud ihn zur beabsichtigten Untersuchung ein. Allein troß nochmaliger Einladung wollte derselbe nichts davon wissen.

Nun beschloß Dr. Royer, allein die Untersuchung anzustellen. Auf der Reise fand er, was er gesucht, einen absolut ungläubigen Kaufmann, der sich herbeiließ, sein Begleiter und zugleich Dolmetscher zu werden, da derselbe das Flämische und Französische verstand.

Es würde uns zu weit führen, den ganzen Verlauf der Untersuchung hier mitzuteilen, wie ihn Dr. Boissarie in dem oben angeführten zweiten Buche wörtlich nach dem Protokolle des Dr. Royer erzählt. Wir bemerken nur, daß nicht nur de Rudder selbst, sondern vor allen andern die Ärzte befragt wurden, die de Rudder früher behandelt hatten, ferner die Nachbarn des Kranken, selbst die Bahnwärter, welche de Rudder bei seiner Pilgerfahrt in den Waggon gehoben hatten. Alle Zeugnisse über den Zustand des Beines noch unmittelbar vor der Wallfahrt, sowie über die plötzliche Heilung stimmten vollkommen überein.

Das zweite Wunder, das wir von den vielen von Dr. Boissarie erzählten auswählen, ist die Heilung der

Joachime Dechant.

Es handelt sich hier um die plötzliche Heilung einer 32 cm langen und 15 cm breiten, durch Gangräne komplizierten Wunde, die bis auf den Knochen drang und schon 12 Jahre bestand.

Dr. Marique schrieb an Dr. Boissarie folgenden von seiner Patientin diktierten Bericht über ihre Krankheit und ihre Heilung.

„Zwölf Jahre war ich bereits krank, als Frau Gräfin de Limminghe mich fragte, ob ich nicht nach Lourdes gehen wollte. ‚Hätte ich einmal das Glück, dorthin zu kommen,‘ erwiderte ich, ‚ich würde sicher geheilt zurückkehren; davon bin ich so überzeugt, daß ich bei meiner Abreise einen Schuh, einen Strumpf und ein Strumpfband für meinen kranken Fuß mitnehmen würde, obgleich ich schon lange Jahre nichts mehr von all dem getragen habe.‘ Die Frau Gräfin war über mein großes Vertrauen sehr erstaunt und bestellte mir telegraphisch einen Platz im Lütticher Pilgerzuge. Mein Glück ließ sich nicht beschreiben. Es war aber nicht möglich, das Maß zu einem neuen Schuh an dem kranken Fuß zu nehmen; eine große, 30 cm lange Wunde erstreckte sich vom Knie bis zum Knöchel des Beines, und der Fuß war ganz verbogen, dünner und kleiner als der andere. Man mußte sich mit dem Maße des gesunden Fußes begnügen. Beim Weggehen sagte der Schuster: ‚Dieses Fräulein ist verrückt. Sie bestellt einen Schuh für einen Fuß, an dem sie seit 12 Jahren keinen Schuh mehr getragen hat.‘

Man vertraute mich der Fürsorge des Herrn Devos, Pfarrers von Haltinnes an, und am 10. September morgens 4 Uhr reisten wir ab. Mein Vater und meine Mutter kamen auf den Bahnhof von Namur, um Abschied von mir zu nehmen. Ich war so schwach, so bleich, daß sie bei meinem Anblick weinten und schluchzten. Mein Vater gab mir seinen Segen, und als der Zug sich in Bewegung setzte, sagte meine Mutter: ‚Wenn

du geheilt bist, Joachime! so schicke uns ein Tele=
gramm.'

Als wir auf der französischen Zollstation ankamen,
stiegen alle aus; ich allein kam keinen Schritt von der
Stelle. Der Oberzollaufseher kam in mein Abteil, um
mein Gepäck zu kontrollieren. Aber der widerliche Ge=
ruch, der von meinem Beine ausströmte, war so ab=
stoßend, daß er zurückwich und sich mit Abscheu weg=
wandte. Auch meinen Reisegefährten wurde der un=
ausstehliche Geruch so lästig, daß ihnen nach und nach
unwohl wurde, und sie sich erbrechen mußten. Ich
aber war äußerst beschämt und wagte nicht mehr, meine
Augen aufzuschlagen.

Zu Paris machte mir der gute Pfarrer, dem ich
anvertraut war, den Antrag, auszusteigen und nicht
weiter zu fahren. ‚Sie sterben unterwegs,' sagte er.
Flehentlich bat ich ihn, mir das Fortsetzen der Pilger=
fahrt zu gestatten und schließlich erweichten ihn meine
Tränen, nachdem Herr Médot, Pfarrer von Scholtin,
Fürsprache für mich eingelegt hatte. Auf der Ringbahn
fuhren wir durch Paris, und nachts, als meine Ge=
fährten schliefen, erneuerte ich mehrmals das Verband=
zeug meines Beines, aber ich konnte die Wunde nicht
auswaschen.

Um 7 Uhr waren wir zu Paray=le=Monial. Die
Pilger gingen in die Kapelle, während ich unbeweglich
auf den Bahnsteig sitzen blieb. Einige Augenblicke später
trug man mich ins Hotel, wo ich während des Früh=
stückes der andern den Verband meiner Wunde er=
neuerte. Diese Operation dauerte mehr als eine Stunde.
Die Schwestern von der Heimsuchung gaben mir Lein=
zeug, das auf die Gebeine der seligen Margareta=Maria

gelegt worden war und rieten mir, meine Heilung vom
göttlichen Herzen Jesu zu erflehen. ‚Ich erwarte meine
Heilung von Unserer Lieben Frau von Lourdes,‘ sagte
ich, ‚und werde vom göttlichen Herzen die Gnade er=
bitten, alle Leiden, die Gott mir zuschickt, geduldig zu
ertragen.

Am Abend reisten wir weiter und kamen um 9 Uhr
morgens in Agen an. Wieder mußten wir umsteigen.
Man setzte mich auf den Bahnsteig, und ich fing an,
meine Wunde zu verbinden, während die Reisenden
einen Kreis um mich bildeten und ich Äußerungen hören
mußte, wie diese: ‚Diese Person muß doch sehr un=
menschliche Eltern haben, die sie in einem solchen Zu=
stande allein nach Lourdes gehen lassen.‘ — ‚Aber
durch solche Infektion wird die Cholera in unsern Zug
kommen.‘ — Ich brauche nicht zu sagen, welch pein=
lichen Eindruck diese Reden auf mich machten. Meine
Beschämung wurde noch vermehrt, als ich genötigt
war, an Ort und Stelle das schmutzige Verbandzeug
meines Fußes liegen zu lassen mit den Fetzen von ab=
gefaultem Fleische, welches ich aus der Wunde heraus=
genommen hatte.

Zweiundzwanzig Stunden hatte die Wunde keinen
frischen Verband erhalten; ich konnte wohl trockenes
Leinzeug auf dieselbe drücken, aber es war mir unmög=
lich, ihr eine andere Besorgung und Reinigung zu
geben. In einer Stunde waren 60 Umwicklungen von
der aus dem Geschwür herausdringenden Flüssigkeit
durchnäßt, dann floß der Eiter tropfenweise auf den
Boden.

Um 7 Uhr abends kamen wir zu Lourdes an. Ich
stieg in einem Hause auf der Straße nach Pau ab und

machte mich einige Augenblicke später auf den Weg, um,
so gut es ging, zur Grotte zu gelangen. Dort drückte
ich der lieben Gottesmutter meinen Dank aus, weil ich
ohne Unfall eine so lange Reise machen konnte, und
trug ihr dann schnell den Zweck meiner Pilgerfahrt vor.
‚Ich komme zu dir,‘ betete ich, ‚um zur größeren Ehre
Gottes und für das Heil der Sünder meine Heilung zu
erbitten.‘ Etwa zwei Stunden blieben wir an der Grotte.
Ich ließ Wasser der Quelle auf mein Bein laufen und
nahm, ins Hotel zurückgekehrt, eine gründliche Reini=
gung der Wunde vor. Erst um 11 Uhr abends konnte
ich mich zur Ruhe legen, und die ganze Nacht hindurch
waren meine Schmerzen entsetzlich, denn die Anstren=
gungen der Reise hatten sie vermehrt. Da ich nicht
schlafen konnte, rief ich um halb 3 Uhr um Hilfe und
verlangte aufzustehen. ‚Aber es ist ja erst halb 3 Uhr,‘
sagte man. — ‚Was liegt daran! ich kann nicht mehr
im Bette bleiben; es drängt mich zur Grotte.‘ Ich
stand auf und verband von neuem mein krankes Bein
(dazu brauchte ich mehr als eine Stunde) und zog ab=
gestorbene Knochenteile und abgefaulte Fleischstücke aus
demselben heraus, die ich auf dem Fußboden liegen ließ.

‚Das ist das letzte Mal,‘ sagte ich zu den Per=
sonen, die mir Hilfe leisteten, ‚daß ich mein Bein ver=
binde; bald wird es geheilt sein.‘ Um 4 Uhr ging ich
weg. Man hatte die Gefälligkeit, mich bis auf die
Straße zu geleiten. ‚Sie brauchen nur gerade auszu=
gehen, so kommen Sie zur Grotte,‘ sagte man mir.
Mühsam kam ich vorwärts. Auf der Gavebrücke geriet
eine meiner Krücken zwischen zwei Planken; nun stand
ich fest, konnte weder vorwärts noch rückwärts und ver=
mochte auch nicht meine Krücke herauszuziehen. In

dieser mißlichen Lage verblieb ich etwa 15 Minuten;
sie schienen mir Stunden zu sein. In der Stadt hörte
ich das Rollen der Wagen und fürchtete, überfahren zu
werden. Endlich hörte ich in meiner Nähe das Ge=
räusch von Tritten. Da es noch dunkel war, wußte
ich nicht, wer es sei, und als die Person zu mir kam,
wich sie zurück, um mich nicht zu streifen. ‚Haben Sie
keine Furcht,‘ sagte ich, ‚und helfen Sie mir um Him=
mels willen.“ Der Unbekannte trat näher, und ich
merkte, daß es ein Priester war. In einem Nu hatte
er meine Krücke herausgezogen; ich dankte ihm und
setzte meinen Weg fort. Ich hatte ein Körbchen mit=
genommen, worin ein Strumpf, ein Strumpfband und
ein Schuh für meinen kranken Fuß waren, denn ich
hegte die feste Überzeugung, daß ich beim ersten Bade
geheilt würde.

An der Grotte traf ich Fräulein Leonie Dorval,
welche mich in die Piscine führte. Sie kleidete mich
aus und sagte, nie würde sie es wagen, mich in meinem
so bedauernswerten Zustande in der Piscine zu baden.
Ich bat, ich flehte. — ‚Hören Sie, Joachime!‘ sagte sie,
‚ich bin älter und habe mehr Erfahrung als Sie. Glau=
ben Sie mir, Sie werden mit Ihrem Leben die Un=
klugheit bezahlen, die Sie begehen wollen.‘ Als sie
mich wieder ankleiden wollte, sagte ich: ‚Setzen Sie mich
auf den Boden, ich will allein in die Piscine steigen.‘
— Sie entgegnete: ‚Nein, Joachime! Sie werden ster=
ben.‘ — ‚Ich werde nicht sterben; Unsere Liebe Frau
von Lourdes weiß, daß ich hierher gekommen bin, um
geheilt zu werden; sie wird mich nicht im Wasser ster=
ben lassen.‘ Auf mein Drängen setzte mich Leonie auf
den Boden, und ich stieg tatsächlich allein in die Piscine.

3*

Sobald ich mich im Wasser befand, bat ich meine Be=
gleiterin, mich bis auf den Boden einzutauchen, so daß
das Wasser mir an den Hals reichte. Als das Ver=
bandzeug durchnäßt war, spürte ich einen unaussteh=
lichen Schmerz und empfand zugleich ein unbeschreib=
liches Glück, in diesem wunderbaren Wasser zu sein.

Dreißig Minuten blieb ich in der Piscine, und
als Leonie merkte, daß ich nicht mehr laut beten konnte,
fragte sie, ob ich heraus wolle. Aber ich hörte nichts
mehr; ich war ohnmächtig. Sie zog mich aus dem
Wasser, legte mich auf den Boden und begann mich
anzukleiden. Wie sie aber das um mein Bein befind=
liche Leinzeug auspreßte, verursachte sie mir einen solchen
Schmerz, daß ich aus meiner Ohnmacht erwachte. ‚Arme
Joachime!‘ sagte sie, ‚Sie sind nicht geheilt.‘ — ‚Ver=
lieren wir den Mut nicht, Leonie! Wenn ich etwas von
meiner Mutter begehre, so gibt sie mir das nicht immer
bei meiner ersten Bitte. Ich werde zur Piscine zurück=
kommen.

Um 9 morgens nahm ich ein zweites Bad und
blieb 27 Minuten im Wasser. Dieses zweite Eintauchen
war noch schmerzlicher als das erste, und die Leiden
waren so groß, daß ich mich nicht enthalten konnte,
mit den Zähnen zu knirschen und auf die Zunge zu
beißen. Nach dem Bade preßte Leonie wieder das
Wasser aus dem Leinzeug, das meine Wunde umgab.
Sie drückte nach allen Seiten . . . ich spürte nichts.
‚Beim ersten Bade,‘ sagte ich, ‚haben Sie mir beim Zu=
sammendrücken der Binden einen unerträglichen Schmerz
verursacht, während Sie jetzt auf den Verband drücken
können, ohne mir weh zu tun.‘ Sie drückte fester —
ich spürte nichts. Darauf nahm Leonie den Verband

weg und rief: ‚Joachime! die Wunde ist nicht mehr da;
Sie sind geheilt.‘ Ich schaute ebenfalls und rief: ‚Es
lebe Unsere Liebe Frau von Lourdes! Sehen Sie, wie
sie alles so gut zu machen versteht! Nicht nur habe ich
eine neue Haut an meinem Beine, sondern auch wieder
Muskeln und eine Wade.‘

Um die Wichtigkeit der eben stattgefundenen Heilung recht zu beurteilen, muß man sich erinnern, daß
Joachime mit einer breiten, gangränösen, vom Knie
bis zum Knöchel reichenden Wunde in das Wasser ge-
gangen war. Dieselbe drang bis auf die Knochen und
hatte Sehnen und Muskeln zerstört. Der Fuß war
nach inwendig gebogen, das Knie steif und unbiegsam,
und der Oberschenkel hatte eine solche Verdrehung, daß
das Glied in seinem Ganzen die Gestalt einer 4 angenommen hatte.

Als Leonie das Wunder sah, wollte sie es allen
Pilgern mitteilen. Ich bat sie, noch abzuwarten. Am
Abend umringten mich die Pilger an der Grotte und
fragten, ob meine Wunde geheilt sei. Der Herr Pfarrer
von Haltinnes ergriff das Wort im Namen der andern
und sagte: ‚Wie, Sie haben keine Wunde mehr?‘ —
‚Nein, nicht mehr als Sie auf Ihrer Hand!‘ — Darauf
ging man mit mir ins Hotel; man wollte das Bein
sehen, welches am Morgen noch buchstäblich in Fäul-
nis war und einen Geruch verbreitete, dessen Erinnerung meine Reisegefährten ebenfalls nicht verloren hatten.
Beim Anblick dieser so netten und vollständigen Ver-
narbung erreichte das Staunen und die Rührung der
Zeugen ihren Höhepunkt. Keine Sprache vermag die
Gefühle auszudrücken, die sie bestürmten, und sie überhäuften mich mit Fragen. In einer Ecke des Zimmers

lagen noch die Fetzen des abgefaulten Fleisches, das ich
am Morgen herausgenommen hatte, und so konnte ich
ihnen zugleich die kranken und die gesunden Teile
meines Beines zeigen.

Am andern Tage kam ein Telegramm nach Gesves,
welches meine Heilung anzeigte. Als mein Vater hörte,
daß ich geheilt sei, wurde er von einem solchen Zittern
erfaßt, daß er nach Hause geführt werden mußte.

Montags reisten wir von Lourdes ab und kamen
Donnerstag um 2 Uhr nachmittags zu Namur an.
Hier erwartete mich meine ganze Familie am Bahn=
hof. Ich sprang aus dem Wagen und fiel meiner
Mutter um den Hals. Als diese sah, daß ich gehen
konnte, rief sie aus, indem sie sich zu meinem Vater
wandte: ‚Mein Gott, Joachime hat Schuhe an!‘ und
sie preßte mich in ihre Arme und vergoß reichliche
Tränen. Mein Vater dagegen war so erregt, daß er
alles vergaß und einen Augenblick dastand, ohne mich
zu erkennen.

Mein erster Besuch galt der Kirche von Gesves.
Man zwang mich, im Chore Platz zu nehmen vor einem
provisorischen Altare, auf dem eine von den schönsten
Blumen umgebene Statue Unserer Lieben Frau von
Lourdes stand. Die Stearinkerzen zählten nach Hun=
derten. Zur Danksagung hielt man eine Andacht ab,
und der Herr Pfarrer erzählte dem herbeigeströmten
Volke alle Einzelheiten meiner Heilung. Nie war in
der Kirche von Gesves ein solcher Zulauf von Menschen.

An demselben Tage kam Dr. Froidebise, um meine
Heilung festzustellen, und Samstags kehrte ich in mein
Heimatsdorf zurück. Auf der Station von Tamines
war der Saaldiener, welcher mich bei meiner Abreise

in den Zug getragen hatte, so gerührt, daß er kein
Wort hervorbringen konnte; er drückte mir beide Hände
und weinte. Um mich der Neugierde der Leute zu ent-
ziehen, ging ich zum Herrn Pfarrer von Malonne, um
etwas auszuruhen, und nach einem zweiwöchentlichen
Aufenthalte daselbst konnte ich in meine Familie zurückkehren und alle Arten von Arbeit verrichten. Bei
meiner Pilgerfahrt nach Lourdes war ich 29 Jahre alt
und hatte ein Gewicht von 27 Kilogramm; heute wiege
ich deren 75 und habe mich seither beständig einer voll-
kommenen Gesundheit erfreut."

Als Dr. Marique an Dr. Boissarie vorstehenden
Bericht einsandte, schrieb er: „Sie bitten mich um eine
Untersuchung der Heilung von Joachime Dechant. Dieselbe ist schon lange geschehen, und die Resultate sind
genau bekannt. Alle ernsten und ehrlichen Leute glauben an deren wunderbaren Charakter. Die Freidenker
sagen, Joachime sei vor ihrer Reise nach Lourdes geheilt gewesen. Diese Behauptung ist reinweg erfunden
und widerlegt durch das Zeugnis von Dr. Froidebise,
welcher die Kranke am Tage vor ihrer Abfahrt
untersucht hat. Die intelligentesten unserer Gegner behaupten, sie habe zwölf Jahre lang Komödie gespielt,
um sich zu Lourdes als geheilt auszugeben. Aber dagegen haben wir die formellsten Zeugnisse, die wir zu
Hunderten besitzen."

Ist die Heilung absolut unerklärlich, kann weder
Suggestion noch Nervenwirkung angerufen werden, so
leugnet man entweder die Krankheit oder die Heilung;
das ist auch viel einfacher.

Zu gewiß nicht geringem Verdruß solcher „ehr-
licher?" Gegner haben im Jahre 1898 die Herren

Dr. Royer und Dr. Deploige, Professor des sozialen
Rechtes an der Universität Löwen, über die erzählte
Heilung die eingehendste Untersuchung angestellt mit
einer Methode, an der nichts auszusetzen ist, und mit
einer Genauigkeit und Strenge, die nicht übertroffen
werden kann. Sie beschränkten ihre Untersuchungen
auf das Geschwür des rechten Beines, das am Freitag,
den 13. September 1878 um 9 Uhr morgens, augen=
blicklich geheilt worden war.

Sie haben gefragt: 1. Joachime Dechants Nach=
barn, welche das Geschwür unmittelbar vor ihrer Ab=
reise nach Lourdes gesehen hatten. 2. Die Reisegefährten.
3. Die Besitzer des Hotels, in welchem die Kranke zu
Lourdes abgestiegen war. Keiner dieser Zeugen ist mit
Joachime verwandt oder verschwägert. Die Untersucher
vermieden absichtlich, die Mitglieder der Familie Dechant
zu befragen, und wollten nur die Aussagen fremder
Personen. Alle Zeugen wurden in ihrer Wohnung
verhört, ohne sie vorher in Kenntnis zu setzen, um
jede Verständigung untereinander unmöglich zu machen.
Alle haben ihre gleich zu Papier gebrachten Aussagen
wieder gelesen und deren Wortlaut als genau und
wahrheitsgetreu bescheinigt. Alle diese Aussagen, so=
wohl über das Vorhandensein und die Beschaffenheit
der Wunde als über die Heilung stimmen vollkommen
überein.

Das Protokoll, dessen Wortlaut in dem früher
erwähnten Werke von Dr. Boissarie nachgelesen werden
kann, führt folgende Zeugen an:

Herr J. B. Martin, früherer Bürgermeister von
Gesves; Frau Gräfin de Limminghe; Schwester Johanna=
Baptista (Hortense d'Aoust); Herr Dr. Froidebise; Fräu=

lein Henriette Henrion; die Reisegefährten: Herr Hubert Michaux; Herr Devos; Fräulein Devos. Leonie Dorval war zur Zeit der Untersuchung bereits gestorben; Frau Gräfin de Limminghe hatte sie beauftragt, auf der Reise der Joachime nach Lourdes für sie Sorge zu tragen, und sich dann oft mit ihr über die Heilung unterhalten. Endlich erwähnen wir noch des Besitzers des Hotels, in dem Joachime in Lourdes gewohnt hatte, des Herrn Latapie, seiner Schwester Fräulein Maria Latapie und seiner Frau, welche ebenfalls Zeugnis ablegten.

Die Herren Deploige und Royer haben die Ergebnisse ihrer Untersuchung in folgenden Sätzen zusammengefaßt:

Zwei Tatsachen scheinen durch diese Untersuchung genügend festzustehen.

Erste Tatsache: Das Vorhandensein einer Wunde bei Joachime Dechant wenigstens bis zum 12. September 1878, 10 Uhr abends, wenn nicht bis morgens, den 13. Diese Wunde bedeckte fast das ganze rechte Bein vom Knie bis zum Knöchel, hatte das Fleisch bloßgelegt, war uneben, rot, stellenweise schwärzlich und ekelhaft anzusehen, sie schied viel Eiter aus, und verbreitete einen üblen Geruch.

Zweite Tatsache: Das vollständige Verschwinden derselben Wunde und deren Ersetzung durch eine neue, trockene und gesunde Haut, vom 13. September 1878 morgens an oder doch wenigstens von 9 oder 10 Uhr abends an.[1]

---

[1] In dem obigen Berichte ist nur von der Heilung der Wunde am Fuße die Rede, weil die spätere eben erzählte Untersuchung sich darauf beschränkte. Dr. Froidebise hatte jedoch am

Wer kann nach Kenntnisnahme solcher Tatsachen
noch behaupten: Wunder seien unmöglich?

Die Wette.

Wie schon früher angedeutet worden, wollen wir
noch Tatsachen anführen, die wie nichts anderes ge=
eignet sind, jedem ungläubigen Ärzte den Mund zu
schließen, welcher in den Heilungen in Lourdes nur
Wirkungen des Nervenreizes sehen will. Diese Tat=
sachen sind die Wette von 15 000 Franken und das
darauf folgende allgemeine Schweigen der Gegner.

Die Geschichte dieser Wette ist nicht ohne Inter=
esse; wir entnehmen sie dem durchaus verläßlichen Buche:
„Am Mutterherzen" von Dr. Ackerl (Linz, Preßverein).

E. Artus, ein vornehmer Franzose, hatte eine
Nichte namens Julia Fournier. Die Familie wohnte
damals in Bordeaux. Julia wurde im Alter von
14 Jahren von einer sehr bedenklichen und langwierigen
Krankheit befallen, welche die Eltern wegen der Zukunft
ihres Kindes mit schwerem Kummer erfüllte. Es war

6. September 1878 in seinem Gutachten über die Kranke erklärt,
daß sie mit folgenden Leiden behaftet sei: „Erstens, mit einer
rechtseitigen Hüftgelenkverrenkung; zweitens, einem akzidentellen
Klumpfuß, und drittens, einem Geschwür, welches zwei Dritteile
des rechten Beines einnimmt."

Dreizehn Tage später erklärt derselbe Arzt in einem Gut=
achten vom 19. September, Mademoiselle Dechant nach ihrer
Rückkunft von Lourdes aufs neue untersucht und gefunden zu
haben, daß die im ersten Gutachten erwähnten Läsionen voll=
ständig verschwunden seien.

Beim zweiten Bade war allerdings die Fußwunde geheilt
worden, die vollständige Heilung erfolgte tags darauf beim
neunten Bade ebenso plötzlich.

anfänglich eine Art Veitstanz. Die Magenschwäche
nahm mit der Zeit so zu, daß Julia stets nur auf
inständiges Drängen der Ihrigen etwas aß. Der ganze
Körper wurde so kraftlos, daß sie ohne fremde Hilfe
sich nicht aufrecht halten konnte. Und auch so, von
andern gestützt, war sie genötigt, nach drei bis vier
Schritten sich wieder zu setzen. Die Lungenmuskeln
waren angegriffen; die Atmung wurde mit jedem Tage
beschwerlicher und war in der horizontalen Lage ganz
unmöglich. Aufrecht sitzend ruhte Julia im Bette.
Schließlich trat Lähmung der rechten Seite ein.

Die berühmtesten Ärzte von Bordeaux wurden kon=
sultiert. Sie erklärten, daß eine Heilung im günstigsten
Falle nur nach Verlauf einer langen Zeit möglich sein
würde, behandelten mit Bromkali und empfahlen An=
wendung der Wasserkur.

Um diese Zeit fiel dem obenerwähnten Onkel der
Kranken, dem Bruder ihrer Mutter, E. Artus, das Buch
H. Lasserres „Unsere Liebe Frau von Lourdes" in die
Hände. Der Inhalt desselben fesselte ihn derart, daß er
es ohne Unterbrechung in einer Nacht zu Ende las. Als
er damit fertig war, leuchtete der helle Tag beim Fenster
herein. „Und heller Tag war es auch in meiner Seele
geworden," schreibt Artus, „ein überirdisches Licht hatte
sich in meinem Herzen entzündet, das Licht des Glau=
bens an die in Lourdes erschienene Jungfrau, an ihre
Wohltaten, an ihre Wunder."

Glaube und Hoffnung sind Nachbarn. Artus dachte
an seine Nichte und hoffte auf ihre Heilung. Er schrieb
an seine Schwester in Bordeaux, daß auch sie mit den
Ihrigen neues Vertrauen schöpfen und an die Mutter
Gottes von Lourdes sich wenden möge. Sie sollen sich

durch eine entsprechende Vorbereitung der Erhörung
würdig machen, vor allem aber zur Stärkung ihres
Vertrauens das Buch Lasserres lesen. Einen zweiten
Brief schrieb er an Herrn Pfarrer Peyramale in Lourdes,
und bat, daß er eine Flasche mit Wasser aus der Grotte
an Frau Fournier nach Bordeaux senden wolle.

Die Familie Fournier war in Bezug auf religiöse
Gesinnung sehr verschieden geartet. Frau und Tochter
und das elfjährige Söhnlein Albert waren gläubig und
fromm. Der Vater hingegen und der aus erster Ehe
der Frau Fournier stammende Sohn, Ernest Mancel,
waren Freidenker. Der letztere konnte sich nach An=
kunft des Lourdes-Wassers, als er das fromme Vor=
haben erfuhr, nicht enthalten, an Artus folgende Zeilen
zu richten:

„Trotz meines Respektes, den ich vor dir habe,
lieber Onkel, muß ich doch gestehen, daß ich auf dein
Wasser nicht das geringste Vertrauen habe. Wäre
Julia nicht so krank, hätte ich große Lust, über die
Sache zu lachen. So aber beschränke ich mich darauf,
dir einfach zu sagen: Wenn Julia vom Trinken dieses
Wassers gesund wird, dann schreie ich es auf den Dä=
chern aus, daß ein Wunder geschehen ist. Ja, ich will
in diesem Falle sogar versprechen, zur Beicht zu gehen."

Mit großem Eifer bereitete sich Julia auf die
Gnade vor, die sie vom Himmel erwartete. Der 13. Juni
war der Jahrestag ihrer ersten heiligen Kommunion.
Der 14. Juni wurde als der Tag bestimmt, an welchem
man die Heilung erflehen wollte, welche die auf bloß
natürliche Kräfte angewiesene menschliche Wissenschaft
nicht zu verschaffen imstande war.

Sie hatten übrigens alle Ursache, sich zu beeilen.

Mit Julia stand es nämlich sehr schlimm. Seit 48 Stunden hatte sie keine Nahrung zu sich genommen. Sie ließ sich zur Kirche tragen, wo die heilige Messe für sie gelesen wurde. Die Kranke, ihre Mutter und der kleine Albert empfingen mit größter Andacht die heilige Kommunion und beteten mit einer Glut und einem Vertrauen, als ob sie dem Himmel Gewalt antun wollten.

Nach der Kommunion nahm Frau Fournier die Flasche mit dem Lourdeswasser und reichte sie mit zitternder Hand der kranken Tochter, welche einige Schluck davon trank.

Ein Moment voll Angst und peinlicher Erwartung verstrich. Aber was darauf folgte, war noch bitterer.

„Nun, meine Tochter! wie steht es?" fragte die Mutter. Das Gesicht der Kranken zeigte eine schreckliche Blässe; sie sagte: „Ach, Mama, es hat sich gar nichts geändert, ich bin nicht geheilt," und bei diesen Worten brach sie in Tränen aus. Der Ruf nach der übernatürlichen Hilfe hatte sich also ebenso vergeblich erwiesen, wie die Medizin und die menschliche Wissenschaft unvermögend zu helfen gewesen war. Die unglückliche Familie war der Verzweiflung nahe; Frau Fournier schrieb an Artus, was geschehen war und was sie nun tun sollte; sie sei nahe daran, vor Kummer selbst krank zu werden. (Es mangelte das rechte Vertrauen, welches der göttlichen Weisheit die Zeit und die Weise der Hilfe überläßt.)

So verging der 14. Juni unter Jammer und Tränen. Es kam die Nacht. Julia lag oder vielmehr saß zu Bette. Die Mutter und der kleine Albert verrichteten kniend das Abendgebet; der Vater hatte

sich entfernt, wie er immer zu tun pflegte, wenn Frau
und Kinder zu beten anfingen. Da er gleich den an=
dern wegen der kranken Tochter in großen Sorgen
war, konnte er vor Kummer nicht schlafen. So nahm
er denn seine Zeitung, die „Gironde“, zur Hand, ein
Freimaurerblatt erster Klasse, das er sich jeden Abend
kaufte.

Julia, die Mutter und Albert hatten ihr Gebet
beendet. Sie waren alle sehr niedergeschlagen. Julia
betete noch ein Gesetz des Rosenkranzes. Als sie da=
mit fertig war, wies sie mit ihrer abgemagerten Hand
nach dem Kasten, auf welchem die Flasche mit dem
Lourdeswasser stand, und bat die Mutter, ihr dasselbe
zu reichen.

Diese jedoch wollte ihre Tochter keiner abermaligen
Täuschung aussetzen und erwiderte:

„Aber, mein armes Kind, wenn die allerseligste
Jungfrau dich hätte heilen wollen, würde sie es heute
früh schon getan haben.“

Aber die Kranke gab nicht nach. „Ich bin über=
zeugt, daß ich diesen Abend geheilt werde. — Gib
mir das Wasser,“ sagte sie, als die Mutter sie auf den
andern Tag vertrösten wollte.

Da mischte sich auch der kleine Bruder in das
Gespräch, der noch immer auf den Knien lag und mit
großer Andacht betete. „Mama, gib ihr das Wasser,
Julia wird geheilt werden.“

Nun gab die Mutter nach, und unter allgemeinem
Schweigen, während dessen nur das kurze, schwere
Atemziehen der Kranken vernehmbar war, goß sie aus
der von Lourdes gekommenen Flasche Wasser in ein
Glas und reichte es dem kranken Kinde hin. Julia

bezeichnete sich mit dem Zeichen des heiligen Kreuzes und trank das Wasser bis auf den letzten Tropfen aus. Dann stellte sie das leere Glas beiseite, hob die Augen zum Himmel und fing an, mit langen gierigen Zügen zu atmen.

Die Brust hob und erweiterte sich; die Luft drang ohne Hindernis in die Tiefen der freigewordenen Lunge. Als die Mutter diese langen und tiefen Atemzüge wahrnahm, welche unmittelbar auf jenes peinliche Röcheln folgten, dessen unheimlicher Ton seit so langer Zeit die Familie geängstigt hatte, da fühlte sie ihre Seele von einem gewaltigen Schauder durchzittert.

„Die heilige Jungfrau macht mich gesund," rief Julia aus; „gib mir Leinwand! Ich will mir Brust, Seite und alle kranken Teile waschen."

So benetzte sie also den ganzen Körper mit dem Lourdeswasser, wobei sie ausrief: „Mama, alle meine Leiden verschwinden, alle, alle, eines nach dem andern! Ich wasche sie wie mit einem Schwamme hinweg."

In der Tat war das ganze langwierige Leiden vollständig verschwunden.

Der kleine Albert war indessen zur Tür hinausgestürzt und schrie aus vollem Halse: „Julia ist geheilt! Julia ist geheilt."

Herr Fournier lief, mit der „Gironde" in der Hand, in das Zimmer der Seinigen, um zu sehen, was es gäbe. Beim Eintritt streckte ihm Julia die Arme entgegen und rief aus: „Papa, die heilige Jungfrau hat mich geheilt!"

„Geheilt!" stammelte der alte Freidenker, indem er vor Schrecken die Zeitung fallen ließ, „geheilt!?"

Herr Fournier war ein im Seedienst ergrauter

Marinesoldat, und hatte schon oft in seinem Leben den größten Gefahren kühn die Stirn geboten. Aber niemals hatte er einen so gewaltigen Stoß erfahren, als der war, den ihm jetzt die klare und liebliche Stimme seiner Tochter versetzte, indem sie wiederholte und sprach: „Papa! du siehst es selbst, die heilige Jungfrau hat mich geheilt."

Alberts Geschrei hatte auch die Dienerschaft und das ganze Haus alarmiert. Alle waren vor Staunen und Freude außer sich, als sie die Ursache vernahmen. Julia legte sich zu Bette und versank alsbald in einen tiefen gesunden Schlaf. Vater und Mutter wachten an ihrem Lager. Des andern Tages verspürte sie einen grimmigen Hunger, aß mit größtem Appetit; hierauf machte sie frisch und wohlauf einen weiten Spaziergang. Auch Dr. Dennecè konstatierte die Heilung.

Kurze Zeit nachher fand sich die beglückte Familie mit Onkel Artus zur Danksagung in Lourdes ein. Herr Fournier war wie umgewandelt: aus einem Freidenker war ein gläubiger Katholik geworden; die ganze Familie weihte sich der heiligen Jungfrau. Ernest Mancel, der junge Marinesoldat, der in dieser Zeit verreist war, hielt kurz nachher im Ernste sein Versprechen, das er im Scherze gegeben und ging zur Beicht.

Artus hielt dafür, daß diese wunderbare Heilung für weitere Kreise von Interesse und Bedeutung sei, und veröffentlichte Ende April 1871 einen Bericht darüber im „Univers".

Unglaube und Freidenkertum fielen sogleich über diese Heilung her, die ihnen ein Stein des Anstoßes war, und suchten sie mit ihren gewohnten Phrasen von

der „Unmöglichkeit eines Wunders", „Unkenntnis der
Naturkräfte" usw. auf alle Weise zu leugnen. Keiner
von allen diesen alles Übernatürliche leugnenden Schrei=
berseelen nahm sich die Mühe, die Angelegenheit zu
untersuchen, die Geheilte selbst anzuschauen, die Ärzte
zu befragen und die zahlreichen Zeugen zu vernehmen,
um so entweder sich von der Wahrheit des Erzählten
zu überzeugen, oder aber die Erzählung Artus' als
Lüge und Täuschung aufzudecken.

Darum nahm sich Artus vor, diese Patrone ein=
mal ordentlich in die Enge zu treiben. Er tat dies
um so lieber, weil er sah, wie die Herren von der
Feder viele Tausende von Lesern, die nicht die Zeit
oder Fähigkeit hatten, sich eine eigene Überzeugung zu
bilden, mit ihren Lügen in die Irre führen und mit
leeren Phrasen betören. Das Buch Lasserres, das seinem
eigenen Geiste ein andere Richtung gegeben, schien ihm
zur Erreichung seiner Absicht wie geschaffen.

So veröffentlichte denn Artus am 23. Juli 1871
im „Univers" seine berühmt gewordene Herausforde=
rung an die Freidenker. Wenn das Wunder eine Un=
möglichkeit ist, und wenn es keine andere Welt und
nichts Übernatürliches gibt, so muß das Buch Lasserres
„Unsere Liebe Frau von Lourdes" auf Lug und Trug
beruhen; von den darin erzählten Tatsachen konnte
keine einzige wahr sein.

„Ich biete mich also an," schreibt Artus in seiner
Herausforderung, „eine Wette einzugehen und 10 000
Franken einzusetzen zum Erweis, daß alle von Lasserre
erzählten wunderbaren Tatsachen vollkommen der Wahr=
heit entsprechen."

Artus erlegte bei seinem Notar Mr. Turquet 10 000

Franken, und eine weitere Summe von 5000 Franken
zur Bestreitung der etwaigen Auslagen. Er betonte
aber gleich in seinem ersten Schreiben, daß diese Summe
von 15000 Franken das allermindeste sei, um was er
wette. Wenn es ein Gegner verlange, wette er auch
um 100000 und 200000 Franken. Als Preisrichter
schlug er die Namen von etwa 60 Männern vor, die
wegen ihres Charakters und ihrer Wissenschaft in ganz
Frankreich in hohem Ansehen standen. Aus diesen
Gelehrten sollte der Gegner sich nach Belieben die=
jenigen auswählen, welche in der Wette das entschei=
dende Urteil zu fällen hätten, oder auch neue Preis=
richter selbst in Vorschlag bringen.

Nachdem in solcher Weise die Herausforderung an die
Freidenker ergangen und in allen Zeitungen veröffentlicht
war, hätte man denken sollen, daß sich die Ungläubigen
nach Hunderten an der ausgeschriebenen Wette be=
teiligt haben würden. Wenn das Wunder eine Un=
möglichkeit ist, wie sie behaupten, können ja in dem
Buche Lasserres auch nicht drei Seiten auf Wahrheit
beruhen; sie mußten die Wette gewinnen. — Und wie
ging die Wette aus?

Das Ende war, daß kein einziger dieser sonst so
kecken Freigeister die Wette wagte, ja bis zum heutigen
Tage sich noch keiner gefunden hat, der es versucht
hätte, die 15000 Franken in seine Taschen zu leiten;
denn die Wette ist noch immer in Kraft.

Wohl nahmen einige einen Anlauf und verkün=
digten siegesbewußt, daß sie die Wette eingehen wollten.
Allein diese Siegesgewißheit gab ihnen nur ihre Un=
wissenheit; diesen Mut hatten sie nur so lang, bis sie
Lasserres Buch gelesen hatten. Sobald dies geschehen,

oder sie anderweitig sichere Nachricht über die Wunder
von Lourdes erhalten hatten, war es mit der Sieges=
gewißheit vorbei, der Mut verschwand, und alle mög=
lichen Ausflüchte und Ausreden wurden vorgebracht,
um von der Wette zurücktreten zu können.

So trat gleich anfangs ein gewisser Herr von
Marcadeau, ein Journalist, in die Schranken. Als
dieser Freigeist die Herausforderung Artus' las, geriet
er über die „klerikale Unverschämtheit" in solchen Zorn,
daß er sich sofort setzte und an Artus schrieb, er nehme
die Wette an. Der hitzige Journalist schrieb sehr grob,
offenbarte aber auch zugleich eine ungeheure Unwissenheit
in der Sache; er hatte offenbar Lasserres Buch, um
das es sich handelte, gar nicht gelesen. Als ihn hierauf
Artus aufforderte, sein Wort zu halten und die Preis=
richter zu bezeichnen, war es mit dem Mute des Un=
gläubigen zu Ende; unter einem erbärmlichen Vorwande
suchte er sich von der Wette loszuschrauben. Jetzt ließ
ihn aber Artus nicht mehr los und stellte ihn öffentlich
bloß. Seine Niederlage war um so beschämender, als
sich herausstellte, daß sich der kühne Freigeist einen
falschen Namen beigelegt hatte und in Wirklichkeit
M. Cazeaux hieß.

Ein paar Jahre später hat sich ein in der medi=
zinischen Welt gefeierter Gelehrter, Dr. Diday, im Kampfe
mit Unserer Lieben Frau von Lourdes eine beschämende
Niederlage geholt. Mit großer Kühnheit schrieb er,
daß er die von Artus angetragene Wette annehme.
Das Geschrei der Leute allein tut es nicht, sagte er;
bevor er eine wunderbare Heilung zugebe, müsse er die
übereinstimmenden Aussagen der Zeugen hören und ins=

4*

besondere die Unterschrift der Ärzte sehen, welche die
Krankheit und Heilung beglaubigt haben.

Als jedoch Dr. Diday das Buch Lasserres gelesen
und erfahren hatte, daß sich dasjenige, was er für un=
möglich hielt, — die Beglaubigung der Ärzte — bei
den Heilungen in Lourdes in Hülle und Fülle vorfinde,
ergriff er mit Siebenmeilenstiefeln die Flucht und wollte
von der Wette nichts mehr wissen.

Zu gleicher Zeit wurde der Irrenarzt Dr. Voisin
von Artus zum Kampfe gefordert. Dieser Arzt hatte
in einer medizinischen Zeitschrift die Behauptung aus=
gesprochen, die Wunder von Lourdes stützten sich nur
auf den Wahnwitz eines geisteskranken Mädchens, welches
als Närrin im Ursulinerinnenkloster zu Nevers eingesperrt
worden sei. Artus wies ihm durch einen von Dr. Robert
Saint=Cyr geschriebenen Brief nach, daß seine Behaup=
tung die reinste Verleumdung und daß Bernadette
weder eingesperrt noch närrisch sei, ja, daß sie infolge
ihres ruhigen, heiteren Temperamentes nicht die geringste
Anlage zu einer Geisteskrankheit habe. Des weiteren
bot Artus dem Herrn Doktor an, auf die Wette einzu=
gehen, wenn er seiner Sache so sicher sei. Allein, auch
Dr. Voisin zog es vor, lautlos zu verduften.

Später kamen dann noch ein paar Zeitungen an
die Reihe, welche von Artus in gleicher Weise an den
Pranger gestellt wurden. Es war der »Progrés de
l'Est« und der »Progrés du Var«. Sie hatten sich
herausgenommen, in seichter Rede wohlfeile Witze über
die Wunder von Lourdes zu machen. Artus forderte
sie auf, anstatt unnützes Geschwätz vorzubringen, einfach
die Wette anzunehmen. Als sie solchen Ernst sahen,
machten sie Kehrt und der Rest war — Schweigen.

Nun sind es bereits mehr als 30 Jahre, daß keiner
der Gelehrten es gewagt hat, auch nur einen Scheinanlauf
zur Gewinnung des Preises zu machen. Das Lasserresche
Original erschien im Jahre 1869. Seitdem haben noch
glänzendere Heilungen die im Buche Lasserres erzählten
gewissermaßen in den Hintergrund gedrängt. Die Wette
bleibt jedoch wie nichts anderes, niederschmetternd für
den Unglauben, ein beständiger und unabweisbarer
Beweis, wie es mit der „Sicherheit“ des Unglaubens steht.

Diese Wette wird in der Gegenwart und in der
Zukunft das wirksamste Mittel sein, jedem ungläubigen
Arzte oder sonstigen „Gelehrten“ den Mund zu schließen,
indem man ihm einfach die Frage stellt, warum er,
wenn er seiner Sache so sicher sei, wie er vorgebe,
nicht die Wette eingehe, deren Gewinnung ihm nicht
bloß Geld, sondern, was manchem wertvoller ist, den
Dank und das Lob aller Gesinnungsgenossen einbringen
würde.

Einige dieser Heilungen, für welche die Wette gilt,
sollen hier folgen.

Louis Bourriette.

Louis Bourriette arbeitete mit seinem Bruder Joseph
in einem Steinbruche, als eine zu unrechter Zeit los=
gehende Mine seinen Bruder tot niederstreckte, ihm aber
durch die auseinanderfahrenden Felsensplitter das Gesicht
jämmerlich zerriß und das rechte Auge halb zerquetschte.
Er hatte so furchtbare Schmerzen, daß er zeitweise nur
durch eine Zwangsjacke im Bette zurückgehalten werden
konnte. Er genas zwar von dieser Krankheit; doch
gelang es den Ärzten, ungeachtet der vorsichtigsten

Operationen, nicht, sein rechtes Auge zu retten; dasselbe versagte ihm fast jeglichen Dienst. Alle Gegenstände waren für ihn in dichten Nebel gehüllt. Die Zeit führte keine Besserung herbei; im Gegenteil nahm die Sehkraft immer mehr ab, und wurde so schwach, daß er mit dem beschädigten Auge einen Menschen nicht mehr von einem Baume unterscheiden konnte; beide Gegenstände erschienen ihm nur als eine schwarze, mit unbestimmten Umrissen aus der dunkeln Nacht hervor= tretende Masse.

Bereits 20 Jahre waren seit dem Unfall verflossen, als unter den Händen Bernadettes die wunderbare Quelle entstand. Sobald der Unglückliche von der Quelle in der Grotte hörte, rief er seine Tochter zu sich und sprach: „Geh und hole mir von jenem Wasser! Die heilige Jungfrau, wenn sie es ist, die dort erscheint, braucht nur zu wollen, so werde ich geheilt."

Eine halbe Stunde später brachte das Kind ein Gefäß voll Wasser, welches freilich ganz trüb und schmutzig aussah. „Ach, Vater! es ist nur Schlamm," sagte die Tochter. „Das macht nichts", entgegnete der Vater, begann zu beten und wusch dann mit dem Wasser sein krankes Auge. Gleich darauf stieß er einen Schrei aus und fing an, vor Aufregung an allen Gliedern zu zittern; denn es vollzog sich plötzlich ein Wunder an seinem Auge. Die ihn umgebende Luft begann sich zu klären, und Lichtschimmer durchdrang sie. Er fuhr fort zu beten und das Auge zu waschen. Je mehr er wusch und betete, desto heller wurde es um ihn, so daß er bald die Dinge deutlich zu unterscheiden vermochte.

Am folgenden oder zweitfolgenden Tage nach diesem Ereignisse begegnete ihm auf einem freien Platze von

Lourdes Dr. Dozous, welcher ihn seit dem Beginne seiner Krankheit behandelt und ihm die aufmerksamste Sorge gewidmet hatte.

Bourriette eilte auf ihn zu.

„Ich bin geheilt, Herr Doktor!" rief er ihm freudig entgegen.

„Unmöglich," versetzte der Arzt; „Ihr habt ja eine organische Verletzung, welche keine Heilung zuläßt. Meine ärztlichen Verordnungen bezwecken nur, Eure Schmerzen zu lindern, nicht aber, Euch das Gesicht wiederzugeben."

„Ah, Sie haben mich auch nicht geheilt, Herr Doktor," antwortete der Steinhauer tief ergriffen; „die heilige Jungfrau in der Grotte hat es getan."

Der Mann der Wissenschaft zuckte die Achseln.

„Daß Bernadette ihre unerklärlichen Ekstasen hat, läßt sich nicht leugnen," sagte er, „haben doch meine eigenen Beobachtungen es bestätigt; daß aber die durch eine unbekannte Ursache in der Grotte entsprungene Quelle unheilbare Kranke augenblicklich gesund machen soll, das ist unmöglich."

Mit diesen Worten zog er ein Notizbuch aus der Tasche und schrieb mit Bleistift einige Worte auf ein leeres Blatt.

Dann bedeckte er mit der Hand Bourriettes linkes Auge, mit welchem derselbe noch einigermaßen sehen konnte und hielt dem rechten, fast erloschenen, den ge=schriebenen Satz vor.

„Wenn Ihr dies lesen könnt, werde ich Euch glau=ben," sagte der treffliche Doktor, der sich auf seine medi=zinischen Kenntnisse und Erfahrungen nicht wenig zugute tat, im triumphierenden Tone.

Schon hatten sich verschiedene Spaziergänger um
die beiden gruppiert, als Bourriette mit seinem unlängst
noch aller Sehkraft beraubten Auge das Papier be=
trachtet und ohne Zögern liest:

„Bourriette hat den schwarzen Star und wird nie
geheilt werden?"

Wäre vor den Füßen des gelehrten Herrn ein
Blitzstrahl in die Erde gefahren, er hätte nicht mehr
aus der Fassung geraten können, als da er Bourriette
mit klarer, ruhiger Stimme und ohne jegliche Mühe
die soeben von ihm auf das Papier hingeworfenen Worte
lesen hörte.

Aber Dr. Dozous war nicht nur ein Mann von
tiefem Wissen, sondern auch ein Mann von Gewissen.
Deshalb erkannte er unumwunden an und sagte frei
heraus, diese plötzliche Heilung eines an sich unheilbaren
Übels sei das Werk einer höheren Macht.

„Ich kann es nicht leugnen," rief er aus, „da ist
ein Wunder, ein wahrhaftiges Wunder geschehen, trotz
mir und meinen Kollegen. Es übersteigt meine Be=
griffe; aber ich darf mich der überzeugenden Stimme
einer so unbestreitbaren, so über alle Leistungen mensch=
lichen Wissens erhabenen Tatsache nicht verschließen."

Auch Dr. Vergez von Tarbes, außerordentlicher
Professor an der Fakultät von Montpellier und Bade=
arzt von Barèges, konnte nicht umhin, den übernatür=
lichen Charakter jenes Ereignisses anzuerkennen, als man
ihn aufforderte, darüber sein Gutachten abzugeben.

Der kleine Justin Bouhohorts.

Am 4. März 1858, also nur wenige Tage nach
Entstehung der Quelle in der Grotte, war der kleine
Justin dem Tode nahe. Er war der Sohn eines armen
Taglöhners, zwei Jahre alt, von Geburt an mißge=
staltet, lahm, und infolge eines schleichenden Fiebers
in erschreckender Weise abgezehrt; kein Arzneimittel hatte
etwas gegen die Krankheit vermocht, so daß der arme
Kleine trotz der umsichtigsten Behandlung von seiten des
Dr. Peyrus seiner letzten Stunde entgegenging. Schon
hatte der Tod sein von den langen Leiden abgemagertes
Gesichtchen mit fahler Blässe überzogen, und beide Eltern
sahen mit stillem, aber tiefem Schmerze dem letzten
Augenblicke entgegen; eine Nachbarin war schon damit
beschäftigt, das Totenkleid für die kleine Leiche zu machen
und suchte die Mutter zu trösten.

Schon war das Auge des Kindes verglast, sein
Atem stockte und seine Glieder wurden steif und kalt.

„Er ist tot," sagte der Vater mit erstickter Stimme.

„Wenn er's noch nicht ist," entgegnete die Nach=
barin, „so liegt er doch im Sterben. Arme Freundin,
setze dich dort ans Feuer und weine deinen Schmerz
aus, während ich ihn in dieses Leintuch hülle!"

Die Mutter schien nicht zu hören. Es durchzuckte
sie plötzlich ein Gedanke und ihre Tränen hörten auf
zu fließen.

„Noch ist er nicht tot!" rief sie, „und die heilige
Jungfrau in der Grotte wird ihn retten."

„Ach, der Schmerz raubt ihr den Verstand," seufzte
der Vater. Vergebens versuchte er im Verein mit der

Nachbarin, die Mutter von ihrem Vorhaben abzubrin=
gen. Sie hatte den steifen Körper schon aus der Wiege
gerissen und in ihre Schürze gehüllt.

„Ich gehe zur allerseligsten Jungfrau!" rief sie,
entschlossen auf die Tür zuschreitend.

„Aber, wenn der kleine Justin noch nicht tot ist,
so wirst du ihn jetzt vollends umbringen," entgegneten
der Vater und die Nachbarin.

„Ob er hier stirbt, oder an der Grotte, das bleibt
sich gleich. Laßt mich zur Mutter Gottes gehen!"

Sie eilte schnellen Schrittes der Grotte zu und
rief dabei mit lauter Stimme die heilige Jungfrau an.
Wer sie vorübergehen sah, hielt sie für eine Wahnsinnige.

Es war gegen 5 Uhr, als sie mit ihrer teuren
Bürde zur Grotte kam, sich zuerst vor derselben nieder=
warf, und dann auf den Knien sich zur Wunderquelle
schleppte. Ihr Gesicht glühte; ihre Augen standen voll
Tränen; ihre ganze Erscheinung hatte etwas Verstörtes,
als ob ein namenloser Schmerz ihr Inneres durchwühle.
So erreichte sie den bereits von Steinhauern gegra=
benen Wasserbehälter. Die Kälte war eisig. Da zieht
sie den nackten Körper ihres sterbenden Kindes aus der
Schürze hervor, bezeichnet sich und das Kind mit dem
Zeichen des heiligen Kreuzes und taucht es dann mit
Entschlossenheit bis an den Kopf in das eiskalte Wasser.

Ein Schrei des Entsetzens entfuhr der Menge der
Anwesenden. An diesem Morgen war die seligste Jung=
frau der Bernadette bei Anwesenheit von mehr als
20 000 Menschen erschienen, und noch abends befanden
sich mehrere Hunderte bei der Grotte.

„Das Weib ist närrisch!" rief man von allen
Seiten, und drängte sich hinzu, um sie abzuhalten.

„Wollt Ihr Euer Kind töten?“ rief ihr eine Stimme barsch entgegen.

„Laßt mich gewähren!“ sagte sie in flehendem, aber zugleich entschiedenem Tone, als ihr jemand auf die Schulter klopfte. „Ich will tun, was in meinen Kräften steht; Gott und die seligste Jungfrau werden das übrige besorgen.“

Einige bemerkten die Steifheit des Kindes und sein leichenhaftes Aussehen und sagten: „Laßt die Ärmste nur gewähren, denn das Kind ist ja schon tot. Der Schmerz hat die Mutter um den Verstand gebracht.“

Dies letztere war durchaus nicht der Fall. Sie wußte so gut wie jeder andere, daß das eisige Bad, in welches sie ihr Kind eintauchte, nach den Gesetzen der Natur augenblicklich dessen Tod herbeiführen mußte; aber ihr Glaube und ihr Vertrauen wankten nicht. Wohl eine Viertelstunde lang hielt sie das Kind unter den Augen und unter den Vorwürfen des entsetzten Volkes in das geheimnisvolle Wasser, hob es dann, steif und leblos geblieben, aus dem Wasser, wickelte es wieder in die Schürze und eilte nach Hause.

„Da siehst du ja, daß Justin tot ist,“ sagte der Vater.

„Nein, er ist nicht tot, und die heilige Jungfrau wird ihn gewiß wieder gesund machen.“

Mit diesen Worten legte sie den starren Körper in seine Wiege.

Aber kaum waren einige Augenblicke verstrichen, als das achtsame Ohr der über den Kleinen gebeugten Mutter leises Atmen vernahm. „Er atmet,“ rief sie freudig ihrem Manne zu. Und es war wirklich so.

Die Mutter wachte die ganze Nacht an der Wiege; das Atmen wurde immer stärker und regelmäßiger; der Kleine schlief einen ruhigen tiefen Schlaf, und als er am Morgen erwachte, war er zwar noch mager, sah aber frisch und wohl aus. Er verlangte zu trinken, und trank auch in langen Zügen.

Dann wollte er aufstehen, obwohl er von Geburt an lahm gewesen, und im Zimmer herumgehen. Da verlor die Mutter auf einmal das volle tags zuvor gehegte Vertrauen; sie wagte nicht, an eine so vollständige Heilung des Kindes zu glauben, und weigerte sich, trotz der wiederholten Bitten, ihn aus der Wiege zu nehmen.

Der Tag und die folgende Nacht gingen ruhig vorüber. Bei anbrechendem Morgen gingen beide Eltern hinaus an ihre Arbeit, während Justin noch in seiner Wiege schlief. Als aber die Mutter zurückkam, und die Tür öffnete, war die Wiege leer. Justin war allein aufgestanden, der bisher Lahme ging, sich an den Möbeln festhaltend, im Zimmer umher, und lief dann der Mutter, die einen Freudenschrei ausstieß, freudig entgegen.

Wir übergehen die folgenden Szenen, und bemerken nur noch, daß Dr. Peyrus, welcher das Kind während seiner Krankheit behandelt hatte, offen einräumte, daß die Heilkunde ganz und gar unvermögend sei, die außerordentliche Begebenheit zu erklären.

Auch Dr. Dozous und Dr. Vergez, jeder für sich allein, untersuchten den für die Wissenschaft wie für die Wahrheit in gleicher Weise interessanten Fall, und beide konnten nicht umhin, das wunderbare Walten der Hand Gottes darin anzuerkennen. Sie konstatierten vor allen

drei Umstände, durch welche der Charakter des Über=
natürlichen bei Justins Heilung unverkennbar zu Tage
trete: die Dauer des eiskalten Bades, die sofortige Wir=
kung, und die Fähigkeit des Kindes, nach seiner Hei=
lung sogleich und ohne fremde Beihilfe zu gehen.

Blaisette Soupenne.

Diese Frau war seit mehreren Jahren mit einem
höchst bedenklichen Augenübel behaftet. Sie litt an
einer Augenliderentzündung, welche ein allmähliches
Erlöschen des Augenlichtes zur Folge hatte. Ein be=
ständiger Tränenfluß, von mehr oder minder schmerz=
lichem Stechen begleitet, hochgerötete, vollständig umge=
kehrte, ihrer Wimpern beraubte und unterwärts mit
Auswüchsen bedeckte Augenlider: alles dieses machte
den Zustand der Patientin im höchsten Grade qualvoll.
Vergebens nahm sie täglich Waschungen mit kaltem
Wasser vor; vergebens wandte sie alle ihr vorgeschrie=
benen Heilmittel an; umsonst suchte sie Linderung in
den Bädern von Barèges, Cauterets und Gazost. Von
menschlicher Hilfe verlassen, nahm sie endlich ihre Zu=
flucht zur mütterlichen Barmherzigkeit derjenigen, die
sich in der Grotte offenbarte; sie flehte die wunder=
tätige Jungfrau mit vertrauensvollem Herzen an, sie
doch von jenem schrecklichen Übel zu befreien, gegen das
weder menschliches Wissen noch die Heilkräfte der Natur
etwas vermochten. Schon bei der ersten Waschung mit
dem wunderbar entsprungenen Wasser empfand sie
große Erleichterung; bei der zweiten, am folgenden Tage
vorgenommenen, trat vollständige Heilung ein. Die Augen
hörten auf zu triefen; ihre Augenlieder nahmen ihre

natürliche Form wieder an; die Auswüchse an denselben
verschwanden, und bald zeigten sich neue Wimpern.

Die zur Untersuchung des Falles berufenen Ärzte
sprachen sich folgendermaßen aus: „Die Einwirkung des
Übernatürlichen bei dieser wunderbaren Genesung tritt
um so klarer zutage, als das früher vorhandene Übel
einem jeden in die Augen fiel, und mit der plötzlichen
Heilung und Neubelebung der inneren Organe zugleich
auch wieder ein normaler Zustand der Augenlider ein=
trat. Das Ereignis ist, menschlich geredet, geradezu
unbegreiflich; denn die Krankheit, um die es sich han=
delt, zählt zu den hartnäckigsten, und hatte zudem bei
Frau Soupenne bereits einen so hohen Grad der Ent-
wicklung erreicht, daß es dringend nötig wurde, die
Schleimhäute der Augenlider durch eine Operation zu
lösen und die an denselben befindlichen Auswüchse durch
Brennen zu beseitigen."

Henri Busquet.

Dieser bekam infolge eines typhösen Fiebers eine
Reihe von Drüsenabzessen am Halse. Diese Abzesse ließen
eine große, einem skrophulösen Geschwüre ähnliche Wunde
zurück, welche den ganzen obern Teil der Brust ein=
nahm. Zwei bis drei Jahre hindurch wendete man
vergebens alle möglichen Heilmittel an. Am 28. April
1858 wusch er die Wunde mit einem in Lourdeswasser
getauchten Tuche aus und verband sie mit demselben.
Er war zu leidend, um sich persönlich zur Grotte zu
begeben. Nach Anlegung des Verbandes schlief der
Knabe ein, und als er erwachte, war die Wunde voll=
ständig geheilt. Der obere Teil der Brust zeigte noch

als Spur des gräßlichen Übels, mit welchem Busquet zwei Jahre lang behaftet gewesen, eine normal gebildete Narbe. Die Ärzte erklärten nach der Untersuchung des Patienten: „Krankheiten dieser Art heilen nur sehr langsam, weil sie aus skrophulöser Naturanlage hervorgehen. Die plötzliche und anhaltende Heilung zeigt deutlich, daß dieser Fall zweifellos über die natürliche Ordnung der Dinge hinausragt."

Diese Fälle mögen genügen, um nicht bloß in der Theorie, sondern auch durch unleugbare Tatsachen zu beweisen, daß Wunder möglich und erkennbar sind. Wer viele ähnliche Tatsachen lesen will, sei auf die oben erwähnten Werke von Lasserre und Boissarie verwiesen.

Zweck der Wunder.

Welchen Zweck sollen die Wunder haben? fragen die Ungläubigen, um dieselben als überflüssig und daher Gottes unwürdig, mithin als nichtig zu erklären.

Es ist gewiß: weil unmittelbar von Gott gewirkt, muß jedes Wunder einen solchen Zweck haben, welcher der Weisheit und Güte Gottes entspricht. Dieser Zweck kann nicht in der physischen Welt liegen, etwa als Nachbesserung der Schöpfung, wovon schon früher die Rede war. Er muß sich also auf die Menschen beziehen. Welche Absicht kann Gott dabei haben?

Erstens: **um sich selbst, um sein Dasein zu bezeugen.**

Die alltäglichen Erscheinungen im Weltall, speziell auf unserer Erde, werden fast ausnahmslos nicht mehr beachtet; sie werden der Natur zugeschrieben, ohne an den Urheber der Natur zu denken. Das Wunder ist

nun ein unleugbares, den Augen sichtbares, mit den
Händen greifbares Zeugnis vom Dasein des allmäch=
tigen Gottes, dem die ganze Natur gehorcht. Zu allen
Zeiten waren Wunder das wirksamste Mittel, um Un=
gläubigen die Augen zu öffnen, mochten sie persönlich
Zeugen derselben gewesen sein, oder sichere verläßliche
Nachricht darüber erhalten haben. Um nur auf Er=
eignisse aus neuester Zeit hinzuweisen, haben Tausende
und Tausende von ganz Ungläubigen, von Atheisten,
durch das, was sie entweder persönlich in Lourdes ge=
sehen, oder wovon sie gewisse Nachricht erhalten haben,
den verlornen Glauben an Gott wieder gefunden.
Hunderten von Ärzten und andern wissenschaftlich Ge=
bildeten ist es ähnlich ergangen wie dem Dr. Dozous
und Herrn Fournier, von welchen früher erzählt wurde.
Allerdings kommen solche Wirkungen nur bei sonst edlen
und wahrheitsuchenden Charakteren vor, die der von
Gott angebotenen Gnade des Glaubens nicht durch
Stolz oder eine andere Leidenschaft das Herz verschließen,
oder durch Menschenfurcht, die auch bei Gelehrten in
religiöser Hinsicht nicht so selten zu finden ist, sich ab=
halten lassen, der erkannten Wahrheit Zeugnis zu geben.
Wo hingegen die erwähnten Hindernisse obwalten, und
der Mensch von ihren Sklavenketten gefesselt gehalten
wird, also auch der Wille widersteht, herrscht vielfach
eine Gesinnung, welche mehr oder minder jener des be=
kannten Diderot gleicht, der erklärte: „Wenn mir auch
ganz Paris bezeugen würde, daß ein Toter zum Leben
erweckt worden sei, würde ich eher ganz Paris für
wahnwitzig erklären, als die Auferstehung glauben." Und
der charakterlose Zola in neuester Zeit! Er war in Lour=
des; sah mit eigenen Augen wunderbare Heilungen —

schickte aber absichtlich entstellte lügenhafte Berichte dar=
über in die Welt hinaus.¹) Wenn schon Gelehrte,
wissenschaftlich Gebildete derart mit diesen Kundgebun=
gen Gottes verfahren, — können wir dann noch staunen,
daß so viele andere minder Unterrichtete mit sehr wohl=
feilen Phrasen über alles hinweggehen?

Gott wirkt ferner Wunder:

Zweitens: um seine Offenbarung und die
Verkündiger derselben zu beglaubigen.

Wollte Gott der Menschheit eine besondere Offen=
barung zu teil werden lassen, d. h. wollte er aus gött=
lich weisen Absichten den Menschen Wahrheiten offen=
baren, die durch das Licht der Vernunft entweder gar
nicht, oder doch nicht mit voller Sicherheit erkannt
werden können, — wollte er nebst dem in das Men=
schenherz geschriebenen Natursittengesetz noch andere Ge=
bote geben, und zum Glauben und zur Befolgung ver=
pflichten, so mußte er notwendig diese seine göttliche
Offenbarung auch mit göttlichen Beweisen ihrer Echt=
heit ausstatten.

Wenn ein Philosoph eine neue Lehre verkündet, so
sucht er dieselbe mit allen ihm zu Gebote stehenden Grün=
den zu beweisen und zu verteidigen. Da er jedoch nur
ein Mensch ist, so können seine Beweise nur menschliche,
natürliche sein. Göttlicher Lehre sind aber gött=
liche Beweise notwendig. Selbst der Freigeist Rousseau
schreibt hierüber: „Wenn Gott den Menschen eine
Offenbarung geben und alle zum Glauben an die=
selbe verpflichten wollte, so hat er sie auch mit Be=

¹) Der Beweis dieser Anklage in: „Boissarie, Die neuen
Heilungen".

weisen ausrüsten müssen, die geeignet sind, auf alle
Eindruck zu machen, und es ist ohne Zweifel das
Wunder der glänzendste, augenscheinlichste und über=
raschendste Beweis. Er fordert am wenigsten Erörte=
rung und weitläufige Prüfung, und ist besonders ge=
eignet, auf Massen zu wirken."

Gott kann überhaupt nie einen Irrtum oder eine
Lüge bestätigen; dieses wäre mit seinem Wesen unver=
einbar. Wenn ein Verkündiger der göttlichen Offen=
barung zur Bestätigung seiner göttlichen Sendung und
der Wahrheit seiner Lehre Wunder wirkt, d. h., wenn
Gott selbst auf das Wort seines Bevollmächtigten Wunder
wirkt, so bezeugt er durch dieses unmittelbare Eingreifen
seiner Allmacht beides, sowohl die Sendung als die
Wahrheit der Lehre. Darum haben sich Moses, Christus
und die Apostel auf die von ihnen gewirkten Wunder
als Bestätigung ihrer göttlichen Sendung und Lehre
berufen. Moses mußte vor seinem Volke Wunder
wirken, um Glauben zu finden; Christus erklärte wieder=
holt: „Wenn ihr meinen Worten nicht glaubt, so glaubt
meinen Werken". Und der Apostel Petrus sprach zum
lahmgebornen Bettler: „Im Namen Jesu des Na=
zareners stehe auf und wandle".

Die zahlreichen Wunder haben sich auch vom ersten
Anfang des Christentums (der Vollendung der alt=
testamentlichen Offenbarung) als das wirksamste Mittel
erwiesen, dasselbe zu verbreiten, Hohe und Niedrige,
Gelehrte und Ungelehrte von der Göttlichkeit der christ=
lichen Religion zu überzeugen und derart zu überzeugen,
daß nicht wenige, kaum durch den Anblick eines Wunders
bekehrt, schon ihr Leben unter den grausamsten Qualen
hingegeben haben.

Warum — wozu sollen jetzt noch, nach Begrün=
dung und Verbreitung des Christentums, Wunder ge=
schehen?

Als göttlicher Fingerzeig und stets neue Erklärung,
wo die Wahrheit, die unverfälschte göttliche Offenbarung
zu finden sei.

Wenn nur in der katholischen Kirche Wunder ge=
schehen und keine andere, in der Lehre von jener Kirche
abweichende Religionsgesellschaft ein Wunder aufweisen
kann, welches zu ihren Gunsten, d. h. als Gutheißung
oder Bestätigung ihrer Lehre ausgelegt werden könnte,
so kann wohl kein Zweifel obwalten, wo und wo allein
die Wahrheit, die unverfälschte göttliche Offenbarung
zu finden ist.

Zwar sind auch an außerhalb jener Kirche Stehen=
den wunderbare Heilungen geschehen, jedoch ausnahms=
los unter Umständen, welche nur für die Wahrheit der
katholischen Kirche Zeugnis ablegten.

Jedes neue Wunder ist mithin eine neue Bestä=
tigung der Wahrheit jener Lehre und Kirche, zu deren
Gunsten das Wunder gewirkt wird.

Noch einen andern Grund, warum besonders in
der Gegenwart so viele Wunder geschehen, dürfen wir
nicht übersehen. Indem die göttliche Güte und Liebe
besonders an Kranken und Leidenden aller Art Wunder
wirkt, beabsichtigt sie vor allem das Heil der
Seelen. So viele an sich noch Gläubige sind gegen
ihre heilige Religion mehr oder minder gleichgültig ge=
worden; infolgedessen hat auch die Beobachtung der
Gebote Gottes und der Kirche abgenommen und das
sittliche Leben läßt vieles zu wünschen übrig. Durch
die sichtbare, stets sich wiederholende Offenbarung Gottes

5*

wird das nur noch schwach brennende, dem Erlöschen
nahe Glaubenslicht neu entflammt und der Gläubige
lebendig zu einem dem Glauben entsprechenden Leben
angeregt. Zwar ist die Zahl der in Lourdes Geheilten
nicht klein; allein ohne Vergleich größer ist die Zahl
jener, die an der Seele todkrank dorthin kommen und
volle Genesung finden. Und wenn nach langer Krank=
heit wunderbar Geheilte in ihre Heimat zurückkommen,
wirkt das Wunder auch in der Gemeinde und Umgebung
nicht selten die heilsamsten Änderungen. Freilich —
während warmer Sonnenschein spröde und brüchig ge=
wordenes Wachs zum Schmelzen bringt, macht er andere
Gegenstände nur noch härter.

Die Wunderfeinde und ihre Waffen.

Mit dem bisher Gesagten könnten wir zwar die
Abhandlung schließen. Wenn schon theoretisch die Mög=
lichkeit und Erkennbarkeit des Wunders bei Annahme
eines persönlichen allmächtigen Gottes zugegeben werden
muß; wenn ferner Tatsachen vorliegen und unleugbare
Ereignisse, die alle entgegenstehenden Theorien des Irr=
tums überweisen; wenn überdies die gesamte Gelehrten=
welt bei der zum Beweise des Gegenteils herausfor=
dernden Wette von 15 000 Franken durch ihr allgemeines,
tiefes und beharrliches Schweigen ihre Unfähigkeit, etwas
Stichhaltiges gegen das Wunder vorbringen zu können,
offen eingestanden hat, möchte es unnötig scheinen, noch
weiter auf die Behauptungen und Einwürfe der Gegner
zu antworten. Allein, dem ist in Wirklichkeit nicht so.
In der gegnerischen Presse, in Büchern und Zeitschriften,
in öffentlichen Vorträgen auf den Lehrkanzeln der Wissen=

ſchaft uſw. wird ſorgfältigſt alles verſchwiegen, was für
das Wunder und überhaupt für den religiöſen Glauben
ſpricht; das ungebildete Volk aber, die unreife ſtudierende
Jugend und ſelbſt viele Gebildete werden durch leere
Scheingründe, Trugſchlüſſe und Erklärungsverſuche ge=
täuſcht und in die Irre geführt. Das Wunder iſt mit
dem religiöſen Glauben und Unglauben und deren un=
geheuren Folgen im Jenſeits aufs innigſte verbunde :.
Darum wollen wir noch näher auf die vorgeblichen
Gegenbeweiſe und ihre Kampfweiſe eingehen.

Die „Wiſſenſchaft“.

Der Kampf gegen das Wunder, wie überhaupt
gegen die Religion, wird gegenwärtig hauptſächlich unter
dem Aushängeſchild der „Wiſſenſchaft“ geführt, und eben
dadurch nicht geringer Erfolg erzielt. „Die Wiſſenſchaft
kennt keine Wunder“, ſagt der ungläubige Gelehrte;
dieſes Wort hat aber in ſeinem Munde den Sinn: „es
gibt keine“. — „Das Wunder ſteht im Widerſpruch mit
der Wiſſenſchaft; alſo kann es keine Wunder geben,“
ſagt der minder Gebildete, beſonders der Halbwiſſer.
Kurz, was man Wiſſenſchaft zu nennen beliebt, wird
als der unfehlbare Prüfſtein angeſehen, der über Rich=
tigkeit oder Nichtigkeit entſcheidet.

Iſt dem wirklich ſo? Steht die „Wiſſenſchaft“ im
Widerſpruch mit der Religion, ſpeziell mit dem Wunder?

Die Wiſſenſchaft muß auf Wahrheit beruhen, wenn
ſie wirklich Wiſſenſchaft, nicht leere Träumerei ſein ſoll;
die Religion muß ebenfalls auf volle Wahrheit Anſpruch
machen, ſonſt verurteilt ſie ſich ſelbſt; mithin, wären
beide im Widerſpruch miteinander, ſo müßte ein Teil

im Irrtum befangen sein, weil die Wahrheit sich nicht
widersprechen kann.

Während die ungläubige Ganz= und Halbwissen=
schaft die Wahrheit ausschließlich für sich in Anspruch
nimmt und alles als Täuschung verwirft, was nicht zu
ihr hält, unterscheidet die Religion zwischen wahrer und
falscher, nur vorgeblicher Wissenschaft und zwischen rich=
tigen und falschen Folgerungen der wahren Wissenschaft
und erklärt, mit der wahren, nicht mißbrauchten Wissen=
schaft vollkommen übereinzustimmen.

In der Wissenschaft kommen zwei Fächer in Be=
tracht: die Philosophie im eigentlichen Sinne und die
Naturwissenschaft.

Die ungläubige, atheistische Philosophie, speziell die
Metaphysik, will grundsätzlich nichts als die Materie,
den Stoff anerkennen, will von einem außerweltlichen,
überirdischen Wesen nichts wissen; infolgedessen ist freilich
eine Anerkennung eines Wunders nicht möglich. Wie
steht es aber mit ihrem Anspruch auf Wahrheit? Erstens
kann sie, insoweit sie wahre, gründliche Wissenschaft
sein will, schon auf die ersten und wichtigsten Fragen
der Metaphysik: über Herkunft des Stoffes, der
Bewegung, über den Ursprung des Pflanzen=
und Tierlebens keine Antwort geben und be=
kennt auch, darüber nichts z.. wissen.

Halbwisserei ist freilich mit der Antwort gleich fertig,
die nur aus Trugschlüssen und Widersprüchen besteht.

Zweitens: wie viele ungläubige philosophische
Systeme haben schon das Licht der Welt erblickt. Bei
ihrer Geburt um so mehr beklatscht, je kühner sie Gott
und der Religion den Krieg erklärten, verlor der Glorien=
schein gar bald den Glanz; die sie früher bejubelt,

wandten sich davon als von Verirrungen des menschlichen Geistes ab. Welcher wissenschaftlich Gebildete
wollte jetzt noch als überzeugter Anhänger z. B. der
„Philosophie des Unbewußten“ gelten und das Grund-
dogma derselben festhalten: die Welt sei durch nichts
aus dem Nichts entstanden?

Und die jetzt blühenden Systeme! Wie lange —
und sie werⁿen von dem gleichen Lose ereilt werden?!

Läßt sich auf eine solche Grundlage ein festes,
dauerndes Gebäude aufführen?

Doch nicht die eigentliche Philosophie wird
heutzutage vorzüglich in das Treffen geführt, sondern
die Naturwissenschaft soll beweisen, daß es keine Wunder geben könne. Eine kurze Erklärung hierüber wird
hinreichendes Licht verbreiten.

Was bildet den Gegenstand dieser Wissenschaft?

Nur der vorhandene Stoff, die einzelnen, unter
sich verschiedenen Teile oder Atome, die Zusammen-
setzungen oder Moleküle dieses Stoffes, ihre Kräfte, sowie die Bedingungen und Umstände, unter welchen diese
Kräfte in Tätigkeit treten, und die Gesetze, nach welchen, und wie sie wirken. Was darüber hinausliegt,
gehört nicht mehr zur Naturwissenschaft; kann daher
nur durch Täuschung, durch Trugschlüsse als Ergebnis der Naturwissenschaft ausgegeben werden. So
wenig z. B. ein Mathematiker von seinem Fache aus
berechtigt ist, einem Arzte vorzuschreiben, welche Medizin
er für diese oder jene Krankheit verschreiben darf, ebensowenig ist der Naturforscher von seiner Wissenschaft
aus berechtigt, den Ursprung des Stoffes oder der Bewegung in sein Bereich zu ziehen, also gegen das Dasein Gottes zu sprechen.

Ebensowenig kann er gegen das Wunder
sprechen; denn dasselbe liegt außerhalb und über
den Naturkräften und Gesetzen, mithin ganz außerhalb
der Sphäre, in welcher die Naturwissenschaft sich zu
bewegen hat.

Wenden wir uns von jenen ab, welche sich gern
als Vertreter der Wissenschaft nur aufspielen, ohne es
zu sein; sehen wir auf jene, welche im vollsten Sinne
als Vertreter der Naturforschung anerkannt werden
müssen, auf jene, deren Arbeiten man den Fortschritt
der Naturkenntnis verdankt, und unter diesen wiederum
namentlich zu den eigentlichen Bahnbrechern, den For=
schern ersten Ranges. Fragen wir diese über den Gegen=
satz zwischen Naturforschung und Gottesglauben.

Wenn ein wirklicher Widerspruch besteht, so muß
er ja von diesen Intelligenzen ersten Ranges am klarsten
eingesehen werden, und wenn unter den großen For=
schern, ja, unter den eigentlichen Bahnbrechern auf dem
naturwissenschaftlichen Gebiete, sich gläubige und fromme
Christen befinden; wenn andere unter ihnen wenigstens
die Wahrheiten anerkennen, welche dem Beweise des
Christentums als Grundlage dienen, so wird es mit dem
angeblichen Widerspruch zwischen Wissen und Glauben
nicht viel auf sich haben.

Wir können hier nicht auf das einzelne eingehen,
und verweisen deshalb auf das schöne Werk von Kneller:
„Das Christentum und die Vertreter der neueren Natur=
wissenschaft". Der Herr Autor spricht darin nicht von
Gelehrten und wahren Bahnbrechern der Wissenschaft
früherer Zeit, von Kopernikus, Galilei, Kepler, Newton,
Haller, Linné usw., die alle gläubige Christen waren,
sondern er beschränkt seine Umschau auf Gelehrte des

19. Jahrhunderts. Er durchgeht das ganze Gebiet der Naturwissenschaft, und zeigt, wie in allen Fächern die Gelehrten ersten Ranges gottgläubige Männer, nicht wenige darunter eifrige Katholiken waren. Sapienti sat.

Suggestion.

Im obigen wurde von der Wissenschaft und dem Wunder im allgemeinen gesprochen. Die meisten Wunder geschehen an Kranken; diese gehören in das medizinische Gebiet, und gerade die ungläubigen Mediziner erweisen sich unter dem Scheine der Wissenschaft als besondere Feinde der Wunder; deshalb müssen wir darüber eigens sprechen.

Bis auf die letzte Zeit hat sich der Unglaube bemüht, die Wunder früherer Zeit in das Reich der Phantasie und Einbildung zu verweisen, indem er den Mangel an kritischer Beobachtung, die Unzuverläßlichkeit der Berichterstatter, und die Sympathie der Menschheit für alles Aufsehen Erregende zur Entkräftung heranzog. In der Gegenwart ist die Anwendung dieses Mittels unmöglich geworden; denn jetzt geschehen Wunder unter den Augen der angesehensten Männer der Wissenschaft, unter den Augen der in ihrem Fache ausgezeichnetsten Gelehrten, Ärzten ersten Ranges, welchen niemand die Beobachtungsgabe und Genauigkeit und Wahrheitsliebe in der Berichterstattung abstreiten kann. Diese Männer waren vielfach vordem Ungläubige, Atheisten; sie haben vielfach selbst, sogar zu zwei und dreien, jahrelang die Kranken behandelt, haben vergeblich an den Unglücklichen alle Künste menschlicher Wissenschaft versucht, den Zustand der Kranken für unheilbar

erklärt, oder sich wenigstens dahin ausgesprochen, daß,
die Möglichkeit einer Besserung vorausgesetzt, dieselbe
nur im Laufe einer langen Zeit eintreten könnte. Auf
einmal sehen sie diese bisherigen Patienten gesund vor
sich; die Heilung hat plötzlich, mit einer Schnelligkeit
stattgefunden, welche allen physiologischen Gesetzen und
Vorgängen Hohn spricht. Die Tatsachen stehen also
fest und können nicht geleugnet werden, so daß der be-
rühmte aber ungläubige Dr. Bernheim von Nanzig
schreibt: „Die Tatsachen selbst sind unumstößlich, und
alle Fälle von ehrenwerten Männern mit voller Wahr-
haftigkeit gesammelt worden."

Während aber die oben erwähnten Zeugen der
Tatsachen, erste Größen in ihrem Fache, öffentlich
erklären: solche Heilungen seien, ganz besonders bei
ihrer Plötzlichkeit, unmöglich die Wirkung natürlicher
Ursachen, — unmöglich lasse sich das Walten einer
höheren, einer übernatürlichen Macht abweisen, — suchen
trotzdem die Freigeister den wunderbaren Charakter derselben zu bestreiten. Nicht bloß obskure Ärzte, sondern
auch angesehene Vertreter der medizinischen Wissenschaft
wollen darin doch nur natürliche Wirkungen sehen.
Mit welcher „Sicherheit" sie ihre Behauptungen aufstellen, dürfte man vielleicht schon daraus erkennen, daß
keiner es wagt, auf die obige angebotene Wette einzugehen.

Das Hauptschlagwort, das unzähligemal gebraucht
wird, heißt: „Suggestion".

Unter Suggestion versteht man nach Dr. Albert
Moll von Berlin „die Erzeugung eines Zustandes da-
durch, daß man die Überzeugung von dem Eintritt des
Zustandes erweckt". Mit andern Worten und speziell

auf unsern Fall angewendet, besteht die Suggestion
darin: daß sich der Kranke einreden lasse (Suggestion),
oder sich selbst einrede (Autosuggestion), er werde geheilt
werden.

Diese Suggestion ist nach der Behauptung jener
Gelehrten die natürliche Ursache aller als „wunderbar"
ausgegebenen Heilungen. Die seit acht Jahren gebrochenen Knochen und die damit verbundene große heftig
eiternde Wunde des Peter de Rudder, die seit zwölf
Jahren bestehende unheilbare Wunde der Joachime Dechant, das infolge organischer Verletzung seit langer
Zeit erblindete Auge Bourriettes usw. sind nur dadurch und in einem Augenblick geheilt worden, daß
sich diese Kranken suggeriert, d. h. eingebildet haben:
sie würden geheilt werden!!!

Um über die so viel gerühmte Heilkraft der Suggestion ins klare zu kommen, sehen wir darauf, was
die Anhänger und Lobredner der Suggestion darüber
urteilen, sobald sie sich nicht im Kampfe gegen das
verhaßte Wunder befinden, und welche wirkliche
Heilerfolge sie durch die hypnotische Suggestion
erzielt haben, denn nur von dieser sprechen sie, nur
mit dieser machen sie ihre Heilversuche, weil die Erfolge
der einfachen Suggestion, d. h. ohne Hypnose, überhaupt äußerst selten sind, und selbst dann den Null-
wert kaum übersteigen.

Hypnose ist ein künstlicher — magnetischer —
Schlaf, hervorgerufen durch den Hypnotiseur, dem die
eingeschläferte hysterische oder wenigstens sonst nerven-
schwache Person in allem gehorcht, was er ihr befiehlt,
und alles, selbst die unsinnigsten Torheiten glaubt, wenn
er sie ihr suggeriert.

Was sagen die Anhänger der hypnotischen Sug=
gestion über die Heilwirksamkeit derselben? (Voraus=
gesetzt, daß sie nicht an das Wunder denken!)

Strümpel erklärt: „Nur was durch Vorstellung
entstanden ist, kann auch auf diese Weise (durch hypn.
Suggestion) wieder beseitigt werden,“ dies heißt: nur
die durch Einbildung entstandenen Krankheiten können
wieder durch Einbildung geheilt werden.

Forell, einer der hervorragendsten Hypnotiker,
sieht sich genötigt zu erklären: „Am erfolgreichsten wirkt
die Suggestion speziell bei allerlei Kleinigkeiten,
Kopfschmerzen, Appetitlosigkeit usw.“ Bernheim, Be=
gründer und Haupt der hypnotischen Schule in Nancy,
gesteht nach den vielen Mißerfolgen, die er hatte, ganz
kleinlaut zu, daß „die Suggestion nur funktionelle
Störungen rückgängig zu machen imstande ist.
Man kann aber z. B. nicht einer Verletzung be=
fehlen, daß sie heile, noch einem kranken Ge=
lenke, daß es seine unterbrochene Tätigkeit wie=
der aufnehme, ebensowenig als die Reposition
einer luxierten Extremität oder die Ersetzung
eines Substanzverlustes im Bereiche der Sug=
gestion liegt.“ Dies heißt wiederum nichts anderes
als: nur nervöse Störungen eines Organes, insoweit
noch keine Verletzung des Organes stattgefunden
hat, können möglicherweise durch hypnotische Suggestion
geheilt werden, niemals aber organische Verletzungen
wie Wunden, Geschwüre, gebrochene Knochen, von Tu=
berkulose zerstörte Lungen usw.; auch nicht Taubheit,
Blindheit, Stummheit, wenn diese Leiden in einem or=
ganischen Fehler ihren Grund haben.

Mit diesen Geständnissen stimmen auch die Tat=

sachen überein. Nicht ein einziger Fall kann namhaft
gemacht werden, wo die berühmten Hypnotiker Charcot,
Bernheim, Preyer, Forell, Moll usw., trotzdem sie alle
möglichen Versuche gemacht, eine gründliche und an=
dauernde Heilung eines schweren Leidens bewirkt hätten.
Selbst bei rein nervösen Leiden, wie: Hysterie, Epilepsie
und andern gibt es durch Suggestion keine wirkliche
Heilung. Es werden nur einzelne Symptome unter=
drückt oder in andere umgewandelt; ein Wechsel der
Äußerung einer Krankheit ist aber noch lange keine
Heilung. Weit entfernt, die Hysterie gründlich zu heilen,
macht die Hypnose erst recht dafür empfänglich, wie
der genannte Dr. Forell selbst zugesteht, wenn er sagt:
„Zufällig sind durch schlechte Hypnotisationsmethoden
hysterische Anfälle erzeugt worden" und Strümpel sagt
geradezu: „Die Hypnose ist nichts anderes als eine
künstlich hervorgerufene, schwere Hysterie."

Also: nicht einmal rein nervöse schwere Krank=
heiten, nur „Kleinigkeiten" können nach eigenen Ge=
ständnissen der angesehensten Hypnotiker geheilt werden.
Aber, höchst merkwürdig: kaum wird das Wort
„Wunder" ausgesprochen, so kann die Suggestion
selbst ohne Hypnose alles, bewirkt Heilungen, an
die man sonst nie gedacht, noch viel weniger solche ver=
sucht hat: dem Tode nahe, ja, bereits sterbende Schwind=
süchtige werden in einem Augenblick gesund, und die
zerstörten Lungen haben alles Zerstörte erhalten; seit
Jahren gebrochene Knochen sind zusammengeheilt; als
wären sie nie gebrochen gewesen; die größten tiefsten
Wunden heilen ebenso plötzlich usw.

In neuester Zeit wurden von der ungläubigen
Presse zur Abwehr der Heilungen in Lourdes mit

großem Jubel zwei andere Heilungen besprochen, um
erstere des Wundercharakters zu berauben, die eine
von Dr. Charcot in Frankreich, die andere von Pro=
fessor Kogewnikoff von Moskau.

Charcots Kranke, Fräulein Coïrin, hatte nach seiner
Behauptung ein Krebsleiden, das „augenblicklich" durch
Auflegen von Erde vom Grabe des jansenistischen Dia=
kons Pâris geheilt worden sein soll. (Die Jansenisten
stehen außerhalb der katholischen Kirche.) Später mußte
er zugestehen, das Wort „Krebs" sei nicht so ganz wörtlich
zu nehmen, und bedeute eine einfache Wunde, die „augen=
blickliche" Heilung habe 20—30 Tage in Anspruch ge=
nommen. Diese Heilung geschah vor ungefähr 180
Jahren.

In Bezug auf den kranken Professor Kogewnikoff
in Moskau hieß es in der genannten Presse: „Sein
ganzes Kinn war nur eine Wunde, welche „augenblick=
lich" durch eine Zauberin geheilt wurde." Dr. Bois=
serie, der Präsident des Untersuchungsbureau in Lourdes,
erkundigte sich bei dem Geheilten selbst über den Fall,
und die eigenhändige Antwort des Professors lautete:
„Es war gar keine Wunde vorhanden, nur eine ein=
fache Anschwellung, die in 2—3 Tagen geheilt wurde."

Kampfweise des Unglaubens.

Der obenerwähnte Dr. Charcot hat in England
in englischer Sprache ein Buch mit dem Titel: »Fait
healing« — „Der heilende Glaube" erscheinen lassen,
in dem er die gesamten Heilungen in Lourdes der reli=
giösen Suggestion zuschreibt. Unglücklicherweise ist dieses
Werk das Grab seines wissenschaftlichen Ruhmes ge=

worden; der Haß gegen das Wunder hatte ihn bei Ab=
fassung des Buches blind gemacht. Dr. Imbert von
der medizinischen Fakultät in Clermont hat ihm mit
einem andern Buche geantwortet, und alle medizinischen
und logischen Irrtümer aufgedeckt. Charcot sieht in
den Kranken, die in Lourdes Heilung suchen, nur Hy=
sterische und Nervenleidende, und diese werden nach
seiner Behauptung nur auf ganz natürliche Weise, nur
durch den „Glauben", d. h. durch Einbildung, durch
Suggestion und Autosuggestion geheilt.

Dr. Charcot ist zwar selbst nie in Lourdes ge=
wesen; er mußte aber wissen, und hat auch zweifellos
gewußt, daß nicht bloß Nervenkranke, sondern eine sehr
große Zahl anderer Kranken, dem Tode nahe Lungen=
kranke, mit offen liegenden schweren Verletzungen, mit
tiefgehenden Geschwüren Behaftete, Krebskranke, Kno=
chenfraß usw. plötzlich geheilt wurden. Von allen
diesen wunderbaren Heilungen sagt er kein
Wort, weil eine Heilung derartiger Leiden durch Sug=
gestion, und überdies eine plötzliche Heilung ein Ding
der Unmöglichkeit ist. Ist eine solche Kampfweise ehr=
lich? Ist sie nicht vielmehr darauf berechnet, weniger
unterrichteten Lesern Sand in die Augen zu streuen?
Darum mußte er auch die wuchtigen Schläge hin=
nehmen, die ihm Dr. Imbert in dem erwähnten Buche
versetzt, wenn derselbe unter anderm schreibt:

„Welcher Mediziner, er müßte denn seinen ge=
sunden Menschenverstand ganz verloren haben, sollte
die Behauptung wagen, daß man Krebs, Schwindsucht,
langjährige Geschwüre plötzlich heilen könne? Auch
nicht die kleinste, auch nicht die unbedeutendste Schnitt=
wunde kann plötzlich geheilt werden. Diese Heilungen

mittels Aufregung und Suggestion zu erklären, das
müßt ihr schon den wahnwitzigen Freidenkern überlassen;
diese mögen auf die Gefahr hin, sich lächerlich zu machen,
dergleichen Torheiten behaupten. Aber den ungläubigen
Ärzten möchte ich zurufen: Wenn ihr schon die Allmacht
Gottes und die Macht der seligsten Jungfrau nicht an=
erkennen wollt, so bitte ich euch um eurer Standesehre
willen, schweiget wenigstens und wollet euer Ansehen
und das Ansehen der medizinischen Wissenschaft nicht
dadurch bloßstellen, daß ihr eine Torheit aufrecht haltet.
Ihr wisset es ja aus Erfahrung; weder eine Krank=
heit, noch eine Wunde heilt plötzlich. Und als
ein Prinzip kann man deshalb den Satz aufstellen: Die
plötzliche Heilung jedweder Krankheit, jedweder orga=
nischen Verletzung, jedweder Wunde und mag sie noch
so klein sein, gehört nicht mehr zu den natürlichen Er=
scheinungen. Die Ärzte sind die gebornen Verteidiger
des Wunders, aus dem einfachen Grunde, weil sie es
als eine der elementarsten Wahrheiten festhalten müssen,
daß keine Krankheit plötzlich geheilt werden
könne, auch nicht durch Aufregung und Einbildung.
Ein Mediziner, der die wunderbaren Heilungen in Lour=
des leugnet und sie als das Resultat einer Aufregung
oder was immer für einer Art von Suggestion erklären
will, ist entweder ein Lügner, oder ein unwissender Mensch."
     Noch in anderer Weise wird gegen das Wunder
angekämpft. Eine wunderbare Heilung und das Be=
nehmen des beteiligten Arztes wird uns darüber Auf=
schluß geben. Wir entnehmen dieselbe dem früher be=
zeichneten Buche von Heinrich Lasserre mit der Bemerkung,
daß auch für diese Heilung die Wette von 15 000 Franken
ausgeschrieben ist.

In der Stadt Nay (Frankreich) lag eine schon be=
tagte Frau, die Witwe Madeleine Rizan, am Sterben.
Ihr Leben war seit den letzten 26 Jahren nur eine
lange Reihe von Leiden und Schmerzen gewesen. In=
folge eines Cholera=Anfalles im Jahre 1832 war ihre
linke Seite gelähmt, so daß sie hinkte und nicht einmal
einige Schritte weit gehen konnte, ohne sich an den
Wänden oder Möbeln festzuhalten. Selten, höchstens
zwei= oder dreimal im Jahre, und zwar nur im Hoch=
sommer, wagte sie es, von andern unterstützt oder viel=
mehr getragen, sich zur nahen Pfarrkirche zu begeben,
um dort der heiligen Messe beizuwohnen. Ohne fremde
Hilfe konnte sie sich weder auf die Knie niederlassen
noch wieder aufrichten. Die eine ihrer Hände war
gänzlich abgezehrt. Wie ihre äußern Glieder, so litt
ihr ganzer Körper unter den Folgen der einstmaligen
schrecklichen Krankheit. Ein schmerzlicher Bluthusten
quälte sie Tag und Nacht, und ihr Magen vermochte
durchaus keine festen Speisen zu vertragen. Dabei litt
die Kranke an einem eisigen Frösteln, so daß man selbst
bei der größten Sommerhitze ihr Zimmer heizen mußte.

Seit ungefähr 17 Monaten hatte sich ihr Zustand
merklich verschlimmert. Die Lähmung der linken Seite
ließ gar keine Bewegung mehr zu; das rechte Bein be=
gann gleichfalls steif zu werden, und die abgezehrten
Glieder schwollen bedeutend an, wie es bei den Wasser=
süchtigen zu geschehen pflegt. Sie wurde bald so schwach,
daß sie kein Glied mehr rühren konnte. Sie glich nur
mehr einer leblosen Masse ohne Gefühl und Bewegung.
„Wo liegen meine Beine?“ fragte sie bisweilen, wenn
man sie frisch gebetet hatte.

Sie war von zwei Ärzten behandelt worden. Dr. Talamon hatte sie seit langer Zeit für unheil= bar erklärt, und wenn er fortfuhr, sie zu besuchen, so geschah dies nur aus Freundschaft. Er weigerte sich, ihr noch eine Medizin zu verordnen, indem er behauptete, jedes ärztliche Heilmittel werde die Kranke nur noch mehr schwächen und ihren ohnehin tief erschütterten Organismus vollends zerrütten. Auf dringendes Bitten der Kranken hatte Dr. Subervielle ein Arzneimittel ver= ordnet, war jedoch von dessen Erfolglosigkeit von vorn= herein überzeugt, indem auch er jegliche Hoffnung auf= gegeben hatte.

Wenn die erstorbenen Glieder der Kranken mit der Zeit unempfindlich geworden waren, so mußte die= selbe an andern Teilen des Körpers, am Magen, am Kopf usw. desto entsetzlichere Schmerzen leiden. Infolge des langen Liegens hatten sich außerdem noch zwei große Wunden gebildet, und an der Seite, auf der sie zu ruhen genötigt war, löste sich die Haut nach und nach ab, so daß das nackte Fleisch zum Vorschein kam. Der Tod konnte nicht lange mehr auf sich warten lassen.

Frau Rizan hatte zwei Kinder: eine Tochter, Lu= bine, welche bei ihr wohnte und sie mit der größten Aufopferung pflegte, und einen Sohn, namens Romain, der in einem Handlungshause in Bordeaux ange= stellt war.

Als alle Hoffnung zu schwinden begann und Dr. Subervielle erklärte, die Kranke könne höchstens noch einige Tage leben, wurde Romain in aller Eile nach Hause gerufen. Er kam, empfing den Segen der Mutter und ihr letztes Lebewohl. Er mußte infolge eines aus=

drücklichen Befehles , ßeich wieder abreisen. Die grau=
same Tyrannei der Geschäfte riß ihn vom Sterbebett
der geliebten Mutter mit der traurigen Gewißheit, sie
in dieser Welt nie wieder zu sehen.

Die Sterbende empfing die heilige Ölung; ihr
Todeskampf verzögerte sich indes trotz der unerträg=
lichen Schmerzen. „Mein Gott,“ rief sie öfter aus,
„mache diesem Leiden ein Ende! Herr, heile mich oder
nimm meine Seele zu dir.“

Sie ließ die Schwestern vom heiligen Kreuze zu
Igon, deren Oberin ihr nahe verwandt war, in der=
selben Meinung eine neuntägige Andacht zur aller=
seligsten Jungfrau halten, und bat eine nach Lourdes
wallfahrende Nachbarin, Frau Nessans, ihr von dem
Wasser der Grotte mitzubringen.

Schon seit längerer Zeit mußte man Tag und
Nacht bei der Kranken wachen. Samstag den 16. Ok=
tober 1858 kündigte eine heftige Krisis ihre nahe Auf=
lösung an. Sie hatte ununterbrochenes Blutspeien; Toten=
blässe lagerte sich auf ihrem abgemagerten Antlitze; ihre
Augen wurden starr. Sie sprach nicht mehr, sondern
stieß nur dann und wann einen Schmerzenslaut aus.
„Mein Gott, mein Gott, wie ich leide!“ wiederholte
sie mehrmals. „Laß mich doch sterben.“

„Ihr Wunsch wird bald erfüllt werden,“ sagte Dr.
Suberbielle, indem er das Krankenzimmer verließ; „diese
Nacht oder spätestens bei Tagesanbruch wird es mit
ihr zu Ende gehen. Das Lebenslicht ist dem Erlöschen
nahe.“

Als der Pfarrer Dupont, ihr Freund und Seel=
sorger, sie am Abend verließ, konnte er seine Tränen
nicht zurückhalten. „Beim Anbruch des morgigen Tages

6*

wird sie nicht mehr sein," sagte er; „im Paradiese erst
sehen wir uns wieder."

Die Nacht war angebrochen. Ohne irdische Hoff=
nung im Herzen, hatte sich Lubine vor der Statue der
allerseligsten Jungfrau auf die Knie geworfen. Nur
das mühsame Atmen unterbrach die nächtliche Stille.
Es war gegen Mitternacht, als die Kranke leise sagte:
„Liebe Tochter!" Diese erhob sich und trat zum Bette.
„Was wünschest du, liebe Mutter?"

„Gutes Kind," versetzte diese mit seltsamer Stimme,
als ob sie aus einem tiefen Traume erwache, „Frau
Nessans ist sicher von Lourdes zurückgekommen. Geh'
zu ihr und hole ein Glas Wasser aus der Grotte!
Das Wasser wird mich heilen; die allerseligste Jung=
frau will es."

„Es ist jetzt zu spät, liebe Mutter," antwortete
Lubine; „ich kann dich nicht allein lassen, und die Nach=
barn sind gewiß in tiefem Schlafe; aber morgen in
aller Früh werde ich das Wasser holen."

„Nun, dann wollen wir warten," sagte die Kranke
und schwieg.

Kaum war der Morgen angebrochen, eilte Lubine
zur Nachbarin, und kehrte sogleich mit einer Flasche
von dem wunderbaren Wasser zurück.

„Hier, liebe Mutter! trinke. O, möchte doch die
allerseligste Jungfrau dir zu Hilfe kommen!" sagte Lu=
bine tief ergriffen.

Die Kranke brachte das Glas an ihre Lippen und
trank einige Züge von dem Wasser.

„O meine Tochter, meine Tochter!" rief sie, „dieses
Wasser bringt mir neues Leben. Wasche mir das Ge=
sicht, den Arm, den ganzen Körper damit!"

Mit zitternden Händen tauchte Lubine ein Tuch
in das wunderbare Wasser und wusch damit das Ge=
sicht der Mutter.

„Ich bin geheilt," rief diese in demselben Augen=
blicke mit klarer und kräftiger Stimme, „ich bin geheilt!"

Lubine befeuchtete dessenungeachtet die gelähmten
und abgezehrten Glieder der Mutter. Trunken vor
Freude, aber zugleich von Furcht ergriffen, sah sie die
ungeheure Geschwulst sich senken und unter der raschen
Bewegung ihrer Hände verschwinden. Auch die straff
gespannte, glänzende Haut nahm ihr natürliches Aus=
sehen wieder an.

„Es kommt mir vor, als bedecke sich mein Körper
mit brennenden Geschwüren," sagte die Mutter.

Ohne Zweifel war dies der innere Krankheitsstoff,
welcher auf höheren Befehl den so gequälten Körper
für immer verließ. Alles dies geschah im kurzen Zeit=
raum von einigen Minuten. Ganz plötzlich kehrte neues
Leben und neue Kraft in die soeben noch Sterbende
zurück.

„Ich bin geheilt," rief die Mutter noch einmal
überglücklich aus, „ganz und gar geheilt! O, wie gütig,
wie mächtig die allerseligste Jungfrau ist! . . ."

Nun machten sich gleich auch materielle Bedürf=
nisse fühlbar. „Lubine, meine liebe Lubine, ich bin
hungrig; gib mir zu essen!"

„Soll ich dir Kaffee, Wein oder Milch holen?"
stammelte die Tochter, durch das plötzliche Wunder ganz
verwirrt.

„Ich wünsche Fleisch und Brot," entgegnete sie,
„habe ich doch seit 24 Jahren beides nicht mehr ge=
nossen."

Es war etwas kaltes Fleisch und Wein vorhanden, und sie aß und trank davon. „Nun will ich aufstehen," sagte sie.

„Das geht nicht, liebe Mutter," antwortete Lubine, die ihren Augen noch immer nicht trauen wollte und vielleicht glaubte, eine göttliche Heilung müsse, wie eine natürliche, langsam und allmählich eintreten, und durch Vorsichtsmaßregeln unterstützt werden.

Die Mutter bestand jedoch auf ihrem Vorhaben und verlangte ihre Kleider, die sich, seit langer Zeit bei= seite gelegt, im anstoßenden Gemache in einem Schranke befanden. Lubine verließ das Zimmer, um dem Wunsche der Mutter nachzukommen, und kehrte augenblicklich wieder zurück. Aber auf der Türschwelle angelangt, entfuhr ihr ein Schrei des Entsetzens, und das Kleid entglitt ihren Händen. Während ihrer kurzen Ab= wesenheit war die Mutter aus dem Bette gestiegen, hatte sich vor einem Bilde der seligsten Jungfrau nieder= geworfen und dankte ihrer mächtigen Helferin mit auf= gehobenen Händen. Entsetzt, als ob sie eine aus dem Grabe Erstandene vor sich sähe, war Lubine unfähig, ihrer Mutter beim Ankleiden zu helfen. Diese hob selbst ihr Kleid auf, legte es ohne Beihilfe an und kniete dann von neuem vor dem Bilde der Gottes= mutter nieder.

Es war ungefähr 7 Uhr morgens, und die Be= wohner von Nay kamen aus der Frühmesse zurück. Einige hörten beim Vorübergehen Lubinens Schrei.

„Das arme Kind!" sagten sie zueinander; „gewiß ist ihre Mutter gestorben. Es war ja kaum denkbar, daß sie die Nacht überleben würde."

Bald fanden sich Freunde und Nachbarn ein,

um die vermeintliche Waise zu trösten; auch zwei Schwe=
stern vom heiligen Kreuze kamen.

„Armes Kind," sagten sie, „deine Mutter ist also
tot! Tröste dich, du wirst sie im Himmel wiedersehen!"
Bei diesen Worten faßten sie das mit verwirrtem Blick
in der halbgeöffneten Türe stehende Mädchen teilnehmend
bei der Hand.

Lubine vermochte kaum zu antworten. „Meine
Mutter ist auferstanden," erwiderte sie mit halberstickter
Stimme. „Sie redet irre," dachten die Klosterfrauen
und gingen in das Zimmer, wo die Geheilte noch auf
den Knien lag.

Wir übergehen die freudige Teilnahme und die
zahlreichen Besuche von seiten aller Gutgesinnten an
diesem und an den folgenden Tagen. Dr. Subervielle
anerkannte ohne Zögern den übernatürlichen Charakter
der Heilung. Und Dr. Talamon?

Als 10 Jahre später Heinrich Lasserre, der Ver=
fasser des früher angeführten Buches über Lourdes,
nach Nay kam, um auch über diese Heilung verläßliche
Einzelheiten zu erfahren, besuchte er nicht bloß Frau
Rizan, die er trotz ihrer 71 Jahre in bester Gesund=
heit und voller Lebensfrische antraf, sondern auch
Dr. Talamon. Die Unterredung, welche bei dieser Ge=
legenheit stattfand, und von Lasserre selbst mitgeteilt
wurde, ist für unsern Gegenstand zu wichtig, um sie
nicht vollinhaltlich wiederzugeben.

Lasserre schreibt:

„Dr. Talamon ist ein schöner Greis mit geist=
reichen, ausdrucksvollen Zügen. Eine hohe Stirn, ein
Kranz schneeweißer Haare, ein sicherer, feste Grundsätze
verratender Blick, ein Mund, um welchen fortwährend

das Lächeln des Zweifels spielt, dies sind die charakte-
ristischen Eigenschaften, welche einem bei der ersten Be-
gegnung mit ihm vorzugsweise in die Augen fallen.

Wir (Lasserre und sein Begleiter, ein Priester)
machten ihn mit dem Zwecke unseres Besuches bekannt.

„Es ist schon lange her, seit jene Geschichte sich
zutrug," sagte er ausweichend. „Nach Verlauf von 10
oder 12 Jahren ist mir nur eine dunkle Erinnerung
von jenem Ereignisse geblieben, bei dem ich übrigens
nicht einmal persönlich zugegen war. Ich sah Frau
Rizan erst einige Monate nach ihrer Heilung und kann
daher nicht sagen, unter welchen Umständen und durch
welche Ursachen dieselbe bewirkt wurde, und ob sie allmählich oder plötzlich eintrat."

„Ei, Herr Doktor, war Ihnen denn nicht daran
gelegen, einen die ganze Umgegend in Staunen setzen-
den Vorfall persönlich zu prüfen?" fragte ich.

„Mein Herr," versetzte er kopfschüttelnd, „ich bin
ein alter Arzt und weiß nur zu gut, daß eine Abwei-
chung von den Gesetzen der Natur, wie man sie damals vielfach voraussetzte, rein unmöglich ist. Und um
es Ihnen geradeheraus zu sagen — ich glaube nicht an
Wunder!"

„Ah, Herr Doktor, dann sündigen Sie gegen den
Glauben!" rief der Geistliche.

„Ich, Herr Doktor, klage Sie nicht an, gegen den
Glauben, wohl aber gegen die Wissenschaft, der sie sich
gewidmet, gesündigt zu haben," sagte ich.

„Wie und worin denn?" fragte er lächelnd.

„Die Medizin," erwiderte ich, „ist keine spekulative,
sondern eine Wissenschaft, die auf Erfahrung beruht.
Die Erfahrung ist ihr Gesetz und die Beobachtung der

Tatsachen ihr erstes und ihr Grundprinzip. Hätte man
Ihnen gesagt, Frau Rizan sei durch Waschungen mit
dem Aufguß einer unlängst im Gebirge entdeckten Pflanze
geheilt worden, so würden Sie sicherlich nicht verfehlt
haben, sich Gewißheit über diese Tatsache zu verschaffen;
Sie würden die Pflanze untersucht und die neue Ent=
deckung sorgfältig aufgezeichnet haben. Ebenso hätten
Sie gehandelt, wenn die plötzliche Heilung durch den
Gebrauch irgend einer neuen Mineralquelle wäre be=
wirkt worden. Da man aber hier von einem wunder=
baren Wasser sprach, so haben Sie sich nicht weiter
darum bemüht. Wenn sich auf dem Gebiete der Heil=
kunde ein Fall ereignet, welcher einem angenommenen
Grundsatze widerspricht, so ist dies der beste Beweis
dafür, daß jener Grundsatz falsch ist. Die Erfahrung
ist hier die oberste Richterin. Erlauben Sie mir, Herr
Doktor, Ihnen offen zu gestehen, was ich in betreff
Ihres Verhaltens denke: Sie würden nicht gezögert
haben, die Sache zu untersuchen, und würden sich nicht
das Vergnügen versagt haben, ein das ganze Land in
Aufregung versetzendes Wunder möglicherweise als Be=
trug zu entlarven, hätten Sie nicht eine dunkle Ahnung
vom wahren Sachverhalt gehabt; Sie fürchteten,
die Waffen strecken zu müssen, und deshalb han=
delten Sie wie von Vorurteilen befangene Menschen,
welche den Gründen ihrer Gegner von vornherein kein
Gehör schenken wollen. Sie ließen sich von Ihren
philosophischen Ansichten leiten und verleugneten ihnen
zulieb den medizinischen Grundsatz, daß alle auf dem
Gebiete der Heilkunde vorkommenden ungewöhnlichen
Erscheinungen aufmerksam zu prüfen sind. Ich spreche
mich Ihnen gegenüber mit um so größerer Freiheit aus,

Herr Doktor, als ich Ihre hohen Verdienste kenne und überzeugt bin, daß Sie als Mann von Geist die Wahrheit ertragen können. Manche Ärzte verweigern die Beglaubigung von Tatsachen dieser Art aus menschlichen Rücksichten, indem sie es nicht wagen, dem Mißfallen der Fakultät und den Spöttereien ihrer Kollegen Trotz zu bieten. Was Sie betrifft, Herr Doktor, so haben Sie sich allerdings durch Ihre philosophischen Vorurteile irreführen lassen; aber Menschenfurcht würde Sie nie abgehalten haben, die Wahrheit offen zu bekennen."

„Nein, gewiß nicht," entgegnete er, „und von Ihrem Gesichtspunkte aus hätte ich wirklich auch besser getan, die Sache zu untersuchen."

Leider ist es eine nicht selten vorkommende Erscheinung, daß gerade solche, die ihrem Berufe und ihren Kenntnissen entsprechend befugt wären, gründlich und vorurteilslos zu prüfen und zu untersuchen, und dies vielfach hauptsächlich im eigenen Interesse tun sollten, aus den angedeuteten Ursachen sich scheu davon fernhalten, sogar authentischen Berichten anderer aus dem Wege gehen, und dafür mit nach Zolas Art gefälschten Mitteilungen sich begnügen.

Wer bekämpft das Wunder?

Naturgemäß: die ersten prinzipiellen Gegner des Wunders sind die vollständig Ungläubigen, die Atheisten, und von ihrem Standpunkt aus betrachtet haben sie recht; denn, gibt es keinen persönlichen allmächtigen Gott, so kann es auch kein Eingreifen Gottes, kein Wunder geben.

Es möge jedoch erlaubt sein, die Frage aufzu=
werfen: gibt es überzeugte Atheisten? Kann es
solche geben?

Wenn wir hier von Überzeugung sprechen, ver=
stehen wir nicht die sogenannte Überzeugung der Denk=
unfähigen, auch nicht jene der Viertel= und Halbgebil=
deten; denn alle diese denken und reden, was sie hören
und lesen, ohne imstande zu sein, ein wirklich selbstän=
diges, auf entsprechenden Gründen fußendes Urteil zu
fassen. Wir sprechen hier nur von einer festen und
dauernden Überzeugung, die in einer so höchst wich=
tigen Sache eines wirklich wissenschaftlich Gebil=
deten würdig ist.

Wir sagen: in einer so höchst wichtigen Sache;
es handelt sich ja um die Frage: gibt es einen Gott
oder nicht, und es braucht nicht erst bewiesen zu
werden, daß ein Irrtum von seiten des Ungläubigen die
größten Folgen haben muß.

In rein wissenschaftlichen Fragen, die man nicht mit
Sicherheit richtig beantworten kann, mehr oder minder
wahrscheinliche Hypothesen aufstellen und verteidigen,
verdient gewiß keinen Tadel, z. B. Hypothesen in Fra=
gen der Physik, der Astronomie usw. Ein Irrtum,
wenn später die Hypothese als unhaltbar, als irrig er=
kannt wird, bringt keinen praktischen Nachteil. Denken
wir uns hingegen einen Arzt, der an seinen Patienten,
anstatt mit sicheren, oder wo diese fehlen, mit den wahr=
scheinlichsten Mitteln zu kurieren, neue chemische Mittel
in ihren Wirkungen probieren, und die Kranken der
offenbaren Gefahr aussetzen wollte, diese Versuche mit
großen Schmerzen, ja mit dem Leben bezahlen zu müssen;
wäre die Anwendung der Hypothese von der möglichen

guten Wirkung des neuen Mittels zu billigen oder als
gewiſſenlos zu brandmarken?

Die Nichtexiſtenz Gottes iſt und bleibt für
den Ungläubigen ſo lange nur eine Hypotheſe,
als er nicht die volle Überzeugung davon erlangt. Folg=
lich muß er ſich bei einigem Nachdenken geſtehen, daß
ein Irrtum nicht ausgeſchloſſen iſt, welcher notwendig
die denkbar ſchrecklichſten Folgen für die ganze Ewigkeit
mit ſich bringen muß; er muß einſehen: gibt es doch
einen perſönlichen Gott, — hat ſich dieſer Gott den
Menſchen geoffenbart und ein Geſetz gegeben — was
hat der Menſch zu erwarten, der dieſen Gott nicht an=
erkennen, ſein Geſetz nicht befolgen will? Er muß zu=
geben: es ſei eine höchſt verdammliche Leichtfertigkeit,
ohne volle Gewißheit den Grundſätzen des Un=
glaubens zu huldigen.

Unter Gewißheit iſt hier perſönliche Gewißheit,
d. h. wirkliche volle Überzeugung zu verſtehen.

Was iſt aber zu einer ſolchen eines wiſſenſchaft=
lich gebildeten Mannes würdigen Überzeugung durch=
aus erforderlich?

1. Daß ſich dieſe Überzeugung auf ſo ſolide
und ſichere Prinzipien oder Gründe ſtütze, daß die=
ſelben keinen vernünftigen Zweifel übrig laſſen; dazu
iſt aber auch unbedingt notwendig, daß

2. über alle entgegenſtehenden Gründe der volle
Nichtigkeitsbeweis geliefert ſei; ſonſt könnten die er=
wähnten Prinzipien nicht als ſicher angeſehen werden.

Welche ſolide und ſichere Gründe hat der Un=
glaube für ſich?

Hat er direkte Beweiſe: es gebe keinen Gott —
es könne keinen geben?

Ein zu seiner Zeit sehr angesehener Gelehrter, Lalande, der sein ganzes Leben lang sich als Atheist hervorgetan, faßt die Beweise für den Atheismus in folgende zusammen:

1. Wir begreifen Gott nicht; also kann es keinen geben.

2. Wir sehen Gott nicht; also ein neuer Beweis, daß es keinen Gott gibt.

3. Wir brauchen überdies keinen Gott; denn wir können alles ohne Gott erklären.

Wie steht es mit der Beweiskraft dieser Sätze?

Wir werden uns wohl hüten, die zwei ersten einem wirklichen Gelehrten in den Mund zu legen; er müßte sich über die Zumutung eines solchen Unsinns schwer beleidigt fühlen. Solche Argumente können jedoch in einer sozialistischen Versammlung, oder in einer Kneipe vorgebracht, als „vollgültige" und „schlagende" Beweise gegen die Existenz Gottes beklatscht werden.

Die dritte von Lalande aufgestellte Behauptung ist ebenfalls durchaus falsch, weil, wie schon früher gezeigt worden, die atheistische Philosophie die ersten und wichtigsten Fragen nicht beantworten kann, wie sie dies selbst bekennt, insofern sie nicht zu Sophismen (Trug= schlüssen) die Zuflucht nimmt.

Daß auch die verschiedenen Zweige der Naturwissen= schaft nichts bieten können, was auch nur von fern gegen das Dasein eines allmächtigen Schöpfers gebraucht werden könnte, außer mittels leicht erkenntlicher Trug= schlüsse, ist ebenfalls schon früher gezeigt worden.

Auf was kann also der — wir müssen dies noch= mals betonen — wirklich wissenschaftlich Gebildete seine atheistische vorgebliche „Überzeugung" stützen?

Wir haben oben gesagt, daß zur Überzeugung auch
der volle Nichtigkeitsbeweis über alle entgegen=
stehenden Gründe erforderlich sei. Es genügt voll=
kommen, auf den einzigen Punkt, das Wunder, hinzu=
weisen. Wir haben gesehen, wie der Unglaube durchaus
unfähig ist, die nun einmal unleugbaren Tatsachen zu
erklären, und nur Dinge vorzubringen weiß, die seine
Ohnmacht erst recht ins Licht stellen.

Nach allen diesen Erwägungen erscheint es als
unbegreiflich, wie man von Überzeugung sprechen
kann, und dem unbefangenen Beobachter drängt sich
unwillkürlich, ja fast notwendig der Gedanke auf: es
müsse ein anderer als ein rein wissenschaftlicher Grund
vorhanden sein, der diese Gelehrten dahin bringt, am
Unglauben festzuhalten. Es ist eine tausend= und tausend=
mal bestätigte Tatsache: das Herz des Menschen sei
imstande, den Verstand fast ganz in Schach zu halten,
ihn derart zu beeinflussen, daß er klar am Tage lie=
gende Wahrheiten nicht mehr einsieht, und Trugschlüsse
für richtige Folgerungen ansieht, nur um Wahrheiten
leugnen zu können, welche das Herz nicht annehmen will.

Dieser Verdacht gewinnt an Stärke und Berech=
tigung durch die Kampfweise, welche der Unglaube gegen
die Religion einzuhalten pflegt; denn sie kommt in keiner
andern Wissenschaft zur Anwendung. Man gibt ihr, um
den Schein der Wissenschaftlichkeit zu wahren, den Titel:
„Voraussetzungslose Forschung, wissenschaftliche Kritik".
In Wirklichkeit ist diese vorgeblich „voraussetzungslose"
die „voraussetzungsvollste" Forschung: es darf keinen
persönlichen Gott, keine geoffenbarte Religion geben,
und die Kritik hat nicht die Aufgabe, Wahres und
Falsches zu unterscheiden, sondern, alles Unbequeme

als Irrtum darzustellen. Näheres darüber ist nicht Aufgabe dieser Blätter.

Zu den Wunderfeinden gehören nächst den Atheisten die Rationalisten aller Schattierungen, sie mögen welchen Namen immer führen, d. h. alle jene, die zwar einen allmächtigen Gott bestehen lassen, aber von einer geoffenbarten Religion nichts wissen wollen. Zu ihnen gehören auch die fortgeschrittenen Modernisten, die ebenfalls mit der ganzen Offenbarung aufzuräumen suchen. Mit Hilfe der vorgeblich „wissenschaftlichen" Kritik wird die geschichtliche Offenbarung in das Reich der Fabeln verwiesen.

Jedes Wunder ist aber eine neue göttliche Bestätigung der Wahrheit der katholischen Kirche und ihrer Lehre, also der geschichtlichen Tatsache der geschehenen Offenbarung und der Fortdauer derselben in der katholischen Kirche. Nur in ihr geschehen Wunder, und wenn auch zuweilen z. B. wunderbare Heilungen an Personen vorkommen, die bislang außerhalb der katholischen Kirche stehen, so geschehen sie wenigstens unter solchen Umständen, daß sie nie zugunsten einer andern christlichen Religionsgemeinschaft, sondern ausschließlich zur Bestätigung der katholischen Lehre gewirkt erscheinen.

Von dieser göttlichen Offenbarung wollen die Rationalisten nichts wissen, einerseits, weil sie den menschlichen Stolz verdemütigt, indem sie aufrichtigen Glauben an Wahrheiten verlangt, welche die menschliche Einsicht überragen; anderseits, — und dies mag wohl für nicht wenige der Hauptgrund sein — weil diese Offenbarung auch ein strenges Sittengesetz enthält, das dem leidenschaftsvollen menschlichen Herzen sehr unbequem ist, weil es die Nichtbefolgung mit ewigen Strafen bedroht.

Auch alle von der katholischen Kirche getrennten Religionsgenossenschaften sind Feinde der Wunder, jedoch nicht in dem Umfange wie die früher genannten. Insofern sie wirklich christlich sind, d. h. an der Gottheit Christi festhalten, können sie die Wunder nicht leugnen, weil sie die Wunder Christi und der Apostel annehmen müssen, sie leugnen aber, daß nach der Apostelzeit, daß jetzt noch Wunder geschehen, weil solche nur und ausschließlich in der katholischen Kirche vorkommen, und die Wahrheit derselben bestätigen, somit auch die strenge Pflicht auferlegen, in dieselbe einzutreten, wenn man sein ewiges Heil wirken will. Dieser Schritt ist aber nicht selten mit großen Opfern verbunden, die zu bringen man sich nicht entschließen will. Darum lassen sich auch so viele leicht überreden: was in der katholischen Kirche als Wunder betrachtet wird, sei nur natürliche Wirkung natürlicher Ursachen. Es bewahrheitet sich so oft das Wort Goethes: der Mensch, auch der wissenschaftlich gebildete, schöpfe seine Überzeugung nicht vom Verstande, sondern vom Herzen.

Schlußwort.

Wir sind der Überzeugung, mit obigem hinreichend gezeigt zu haben, daß Wunder möglich sind, ja tatsächlich geschehen. Haben wir auch aus den vielen nur einige wenige aus neuester Zeit speziell und ausführlich mitgeteilt, so genügen diese vollständig zu unserm Zwecke.

Ein einziges Wunder überweist den Atheismus

des Irrtums, und nötigt ihn zur Anerkennung eines
allmächtigen Gottes, eines persönlichen Gottes.

Ein einziges Wunder, gewirkt zugunsten einer
Lehre, die von dem Verkündiger derselben als gött=
liche Offenbarung erklärt wird, drückt derselben das
Siegel göttlicher Autorität und Bestätigung auf, weil
Gott nie einen Irrtum, eine Lüge, einen Betrug be=
stätigen könnte.

Ein einziges Wunder, und um so mehr die so
zahlreichen Wunder, die in der katholischen Kirche ge=
schehen, sind vollgültige und unabweisbare Beweise von
seiten Gottes, wo die Wahrheit, wo seine Offenbarung
zu finden ist, zumal in keiner einzigen andern sich
christlich nennenden Kirche auch nur ein Wunder auf=
gewiesen werden kann, welches zugunsten dieser Reli=
gionsgenossenschaft sprechen würde, vielmehr alle an
Nichtkatholiken vorkommenden wunderbaren Heilungen
nur die Wahrheit der katholischen Lehre bestätigen.

Bei Erwägung dieser Tatsachen drängt sich aber
auch die wichtige Frage auf:

Woher kommt es — was ist die Ursache, daß
trotzdem so viele außerhalb der wahren Kirche bleiben?

Daß nicht selten Stolz, noch viel öfter andere
Leidenschaften des Herzens den Verstand blenden, und
von der Anerkennung der Wahrheit abhalten, kann
nicht in Abrede gestellt werden. Auch von Jugend auf
eingesogene Vorurteile und große Unkenntnis der Kirche
bilden Hindernisse. Doch, von allen diesen soll hier
nicht die Rede sein. Die Frage bezieht sich nur auf
jene wissenschaftlich Gebildeten, bei welchen wir obige
Ursachen nicht annehmen können. Worin liegt der Grund
ihres Fernbleibens von der Wahrheit?

Ein proteſtantiſcher chriſtusgläubiger Engländer kam
vor längerer Zeit nach Rom. Er ſah und forſchte mit
Eifer nach der Wahrheit und kam zur Überzeugung:
nur in der katholiſchen Kirche ſei das wahre Chriſten=
tum zu finden; aber, jammerte er, trotz dieſer Einſicht
kann ich nicht glauben. Mehrere Unterredungen mit
gelehrten Theologen führten nicht zum Ziele. Von
katholiſchen Freunden endlich zu einem als einfältig
geltenden Kapuzinerpater geführt, klagte auch er dieſem
ſeine Verlegenheit.

„Haben Sie um die Gnade des Glaubens auch
gebetet?“ fragte der Kapuziner. „Nein, dies habe ich
nicht getan,“ erklärte der Engländer.

„So wollen wir zuerſt beten, bevor wir über das
Weitere ſprechen.“

Kaum hatten ſie gemeinſchaftlich zu beten ange=
fangen, als der Engländer auch ſchon freudig erregt
ausrief: „Jetzt glaube ich — jetzt glaube ich.“

Ein junger Iſraelit (leider hat uns die Chronik
den Namen nicht aufbewahrt), kam als Touriſt auch
nach Lourdes, und beſuchte nur aus Neugierde eben=
falls die merkwürdige Grotte. Er hatte ſchon lange
eine kranke Hand, die kein Arzt zu heilen imſtande
war. Während er alles betrachtete, kam ihm der Ge=
danke, ſeine Hand in das Waſſer der Grotte zu tauchen.
Er folgte dieſer Eingebung, und während er ſagte:
„Du ſchöne Frau der Bernadette, ſei mir gegrüßt!“
tauchte er die Hand in das wunderbare Waſſer und
zog ſie geſund heraus. Sogleich ward es aber auch hell
in ſeiner Seele, das Wunder der Heilung hatte den
ſofortigen Entſchluß zur Folge, ſich taufen zu laſſen und
Prieſter zu werden.

Inhalt.

Verlagsanstalt vorm. G. J. Manz, Regensburg.

Der Glaube an den Auferstandenen

gemeinfaßlich begründet in fünf apo-
logetischen Briefen an einen Freund

von

P. Julius Müllendorff, S. J.

Mit Approbation des hochwürdigsten bischöflichen Ordinariats
Regensburg und Erlaubnis der Ordensoberen. 8. (VII u.
152 S.) Preis broschiert M. 2.—.

Der protestantische Schriftsteller Krüger (Jahresber. 1901)
gesteht zwar, Müllendorff habe sich „bei seiner Arbeit alle
Mühe gegeben" — macht sich selbst aber die Arbeit leicht!
Ohne den mindesten Beweis zu erbringen, behauptet er,
Müllendorff beweise nicht, daß der Glaube an den Auf-
erstandenen ohne die wirkliche Auferstehung und Erscheinung
Jesu unmöglich gewesen wäre, — was das ganze Buch doch
klar und offenbar beweist. Die „Widersprüche", welche die
Protestanten in den evangelischen Berichten ohne Notwendig-
keit „annehmen", hat Müllendorff nicht „ganz übergangen",
aber sein Beweis ist von einer genauen Untersuchung über
die scheinbaren, jedenfalls geringen Widersprüche ganz unab-
hängig — was Herr Krüger wohl hätte einsehen können. Ein
anderer protestantischer Rezensent sagt fast, auch die Protestanten seien mit dem Ergebnis des Buches von Müllendorff ein-
verstanden!?! — Möge das Werkchen, das von mehreren
katholischen Beurteilern eine ganz kräftige Anerkennung gefunden hat, noch weiter als erste Grundlage zum Beweise
für die Gottheit Jesu verwendet werden!
So schreibt z. B. Domkapitular Dr. Franz Schmid (Brixen)
im Literaturblatt (Wien, Leogesellschaft): „Müllendorff zeigt
sich seiner Aufgabe vollkommen gewachsen; auch ist er mit der
einschlägigen Literatur . . bestens vertraut. Namentlich werden aus Chrysostomus wiederholt Stellen angezogen, die als
wahre Goldkörner zu bezeichnen sind. Indem Schritt für Schritt
die . . Beweismomente treffend hervorgehoben werden, ist die
Wirkung des Ganzen mächtig, ja überwältigend."

Auf zur Freude!

Von Franz X. Kerer.

8. □ (VIII und 185 Seiten.) □ Preis broschiert M. 1.50, inkl. Porto M. 1.60.

Echo der Gegenwart:

Ein köstliches Buch bietet uns wiederum der auf diesem Gebiete der Literatur ungemein fruchtbare süddeutsche katholische Pfarrer Kerer. Es ist dieses geradezu ein Sturmblock gegen alle Pessimisten, an denen unsere Gesellschaftskreise so reich sind. Wahre Lebensfreude will der Verfasser in den Herzen seiner Leser wecken. Wir zweifeln nicht an gutem Erfolge; denn die anregende Sprache, die ihren Ausdruck vereint mit den Dichtern und größten Schriftstellern aller Zeiten, ergreift auch den verbissensten Hasser und Schwarzseher.

Schweiz. Pädagogische Blätter:

Mit apostolischer Begeisterung verkündet hier ein gottbegnadeter Schriftsteller die Frohbotschaft des Christentums. Die Menge ganz neuer Gesichtspunkte, sowie die Wucht der Gedanken erinnern an Meyenberg; hinsichtlich Auffassung des Evangeliums hat er das Liebenswürdige und Großzügige Schells, ohne aber jemals zu entgleisen. Daß die Arbeit gewissenhaft vorbereitet wurde, beweist die Ueberfülle von Zitaten, die logisch hineinverflochten sind. Der Lapidarstil macht die Lektüre nur noch packender. Das ist wieder einmal so recht ein Buch fürs Leben, woraus Geistliche und Laien schöpfen sollten.   L. P.

Verlagsanstalt vorm. G. J. Manz, Regensburg.

www.ingramcontent.com/pod-product-compliance
Lightning Source LLC
Chambersburg PA
CBHW030852270326
41928CB00008B/1346